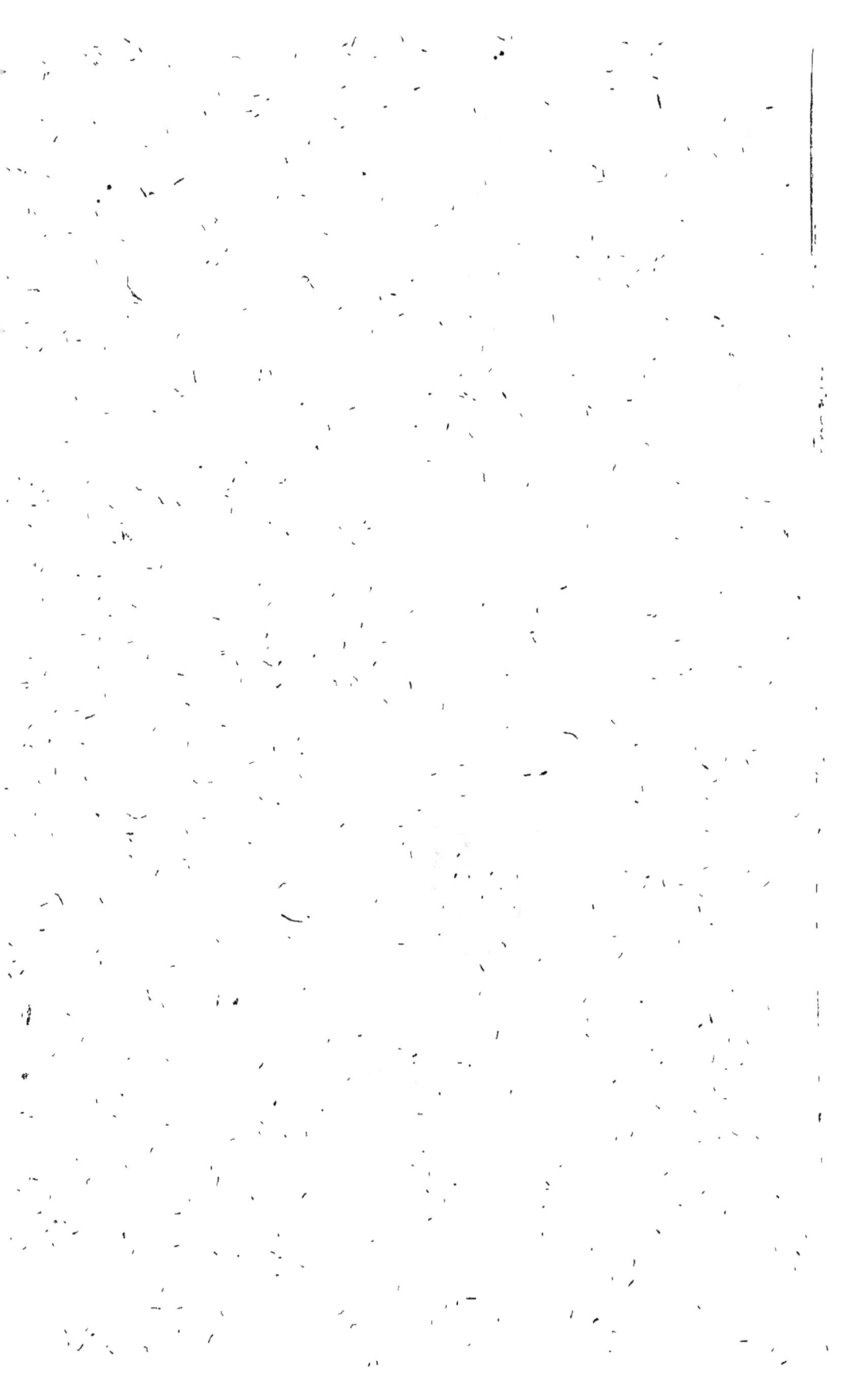

ORDONNANCE DU ROI

PORTANT

RÈGLEMENT

SUR

LE SERVICE INTÉRIEUR, LA POLICE ET LA DISCIPLINE

DES TROUPES D'INFANTERIE;

EN DATE DU 13 MAI 1818.

———

*Sur la Copie Officielle de l'*IMPRIMERIE ROYALE.

A BREST,

CHEZ MICHEL, IMPRIMEUR DU ROI, ET LIBRAIRE.

———

AOUT 1818.

AVERTISSEMENT
DE L'IMPRIMEUR-ÉDITEUR.

En publiant cette Edition, j'ai eu surtout en vue la commodité de MM. les officiers et sous-officiers, qui devront consulter sans cesse cette Ordonnance : aussi, au lieu de l'imprimer en lignes très-serrées et en petit caractère, j'ai choisi un caractère qui en rendra la lecture aussi facile que peu fatigante. J'ose espérer que cet avantage sera senti et apprécié.

Jusqu'au 30 *septembre seulement,* le prix sera de *deux francs,* et *deux francs cinquante centimes,* par la Poste.

Après le 3o *septembre,* le prix sera de *trois francs* et *trois francs, cinquante centimes,* par la Poste.

L'Extrait pour MM. les sous-officiers, imprimé du même caractère et sur le même papier, se vendra, *aussi jusqu'au* 3o *septembre, un franc,* et *un franc, cinquante centimes,* par la Poste.

Après cette époque, les prix seront portés à 1 fr. 25 c. et 1 fr. 75 c.

J'ai imprimé aussi séparément :

L'article pour les *Vaguemestres* avec les Modèles du Registre. . . . . » 30 c.

L'article des *Travailleurs*. . » 25

Le Titre des *Routes*. 40

ORDONNANCE
DU ROI,

Portant Règlement sur le Service inté-
rieur, la Police et la Discipline des
Troupes d'Infanterie.

Du 13 Mai 1818.

DE PAR LE ROI.

SA MAJESTÉ, considérant qu'il est
du bien de son service que ses troupes
soient assujéties à une discipline et à une
police uniformes par des règlemens qui,
en prévoyant et fixant tous les détails pour
chaque arme, ne permettent pas que rien
soit arbitraire ou indéterminé, ni que ses
officiers, en passant d'un commandement
ou d'un corps à un autre, y trouvent aucune différence dans le mode de service,
A ARRÊTÉ le présent Règlement pour toute
son infanterie.

Principes Généraux de la Subordination.

La discipline faisant la force principale
des armées, le Roi veut que tout supé-

1

rieur trouve dans ses subordonnés une obéissance absolue, et que tous les ordres soient
exécutés littéralement, sans hésitation ni
murmure. L'autorité qui les donne en est
responsable, et la réclamation est permise
à celui qui a obéi.

Sa Majesté défend à tout supérieur, de
quelque grade qu'il soit, de jamais se permettre envers ses inférieurs aucun fait,
aucun geste, aucun propos tendant à les
injurier. Elle ordonne que les punitions
soient toujours infligées par le seul senti-
ment du devoir, et prescrites conformément au présent Règlement; que les supérieurs traitent les soldats avec autant
de bonté que de justice; qu'ils soient pour
eux des guides bienveillans; qu'ils leur
portent tout l'intérêt qui est dû à des
hommes dont la valeur et le dévouement
assurent leurs succès et leur gloire.

Sa Majesté entend que la subordination
soit graduelle, et que la stricte exécution
de ses règles, en écartant l'arbitraire, main-
tienne chacun dans ses droits et dans ses
devoirs. En conséquence, le soldat doit

obéir au caporal, le caporal au sergent, le sergent au sergent-major, le sergent-major à l'adjudant, l'adjudant au sous-lieutenant, le sous-lieutenant au lieutenant, le lieutenant au capitaine, le capitaine au major et au chef-de-bataillon, le major et le chef-de-bataillon au lieutenant-colonel, le lieutenant-colonel au colonel, le colonel au maréchal-de-camp, le maréchal-de-camp au lieutenant-général, le lieutenant-général au général en chef ou maréchal de France.

Indépendamment de cette subordination graduelle, Sa Majesté prescrit qu'en tout ce qui concerne le service en général et l'ordre public, lorsque plusieurs officiers ou sous-officiers du même grade et du même corps, ou de divers corps, quelle que soit l'arme, se trouvent ensemble, la même obéissance ait lieu envers le plus ancien d'entre eux de la part de ceux qui seraient moins anciens, comme si ce premier avait le grade supérieur au leur, ou le rang qui l'y assimile.

Sa Majesté veut également qu'en toute circonstance, même hors du service, férieur se comporte avec déférence envers ses supérieurs, de quelque corps ou arme qu'ils soient ; qu'il les prévienne par les marques de respect et le salut d'usage ; que, réciproquement, tout supérienr ait pour son inférieur les égards convenables, et lui rende toujours le salut.

Colonel.

Attributions Générales.

ART. Ier. Les devoirs et l'autorité du colonel s'étendent à toutes les parties du service ; il est responsable de la police, de la discipline, de l'instruction du corps dont le commandement lui est confié, et il en surveille l'administration. Sans se livrer à tous les détails, il doit en saisir l'ensemble, et les diriger de manière que chacun puisse accomplir et accomplisse en effet toutes les obligations qui lui sont imposées, et trouve, dans l'exercice réel des droits de son grade, une source d'émulation et d'instruction. Ainsi l'autorité du colonel doit se faire sentir autant par une impulsion régulatrice que par une action immédiate. Elle est le recours et l'appui de tous. Il doit exécuter et faire exécuter tout ce qui est prescrit par les ordonnances et règlemens, et tout ce qui peut l'être pár les officiers-généraux sous les ordres desquels le corps est placé. Il lui est interdit d'y apporter des changemens, si ce n'est dans les cas extraordinaires, d'après l'autorisation du maréchal-de-camp commandant, auquel il en soumet les motifs. Ces changemens doivent cesser avec les circonstances qui les ont nécessités ; le maréchal-de-camp est tenu d'en rendre compte au lieutenant-général, et celui-ci au ministre, s'il y a lieu.

Devoirs à l'égard des Officiers-Généraux.

2. Le colonel exerce son autorité sous les ordres du maréchal-de-camp commandant la brigade ou le territoire dans lequel se trouve le corps.

Quand les officiers-généraux joignent à leurs fonctions ordinaires celles d'inspecteurs-généraux, le colonel leur doit des rapports, non-seulement sur la police et sur la discipline, mais encore sur tous les détails, comme sur l'ensemble de l'administration et de l'instruction.

Ces rapports sont sommaires. Ils sont faits tous les jours, si l'officier-général est présent et s'il l'exige ; tous les huit jours, s'il n'est pas sur les lieux ; tous les mois, sur l'instruction et sur l'administration ; et, enfin, aussi souvent que le bien du service le lui fait juger nécessaire.

Quand les officiers-généraux n'ont pas de
lettres de service comme inspecteurs, le colonel ne leur fait de rapports que sur le service,
les mouvemens, la police, et sur l'instruction
d'ensemble ; il ne leur en doit sur les détails
de l'instruction et de l'administration que dans
les occasions où ils veulent en connaître dans
l'intérêt de l'exécution des lois et ordonnances,
ou pour faire droit à quelque réclamation.

Le colonel, dont le régiment ou la légion fait
partie d'une brigade réunie sous les ordres d'un
maréchal-de-camp, ne doit aux généraux des divisions territoriales et aux commandans des places
que les rapports sur la situation numérique de
son corps. C'est aux états-majors des divisions
ou brigades organisées à s'entendre avec les états-
majors des divisions territoriales et des places
pour la répartition des quartiers et du service.

Devoirs à l'égard des Commandans de Place.

3. Dans les villes ou places de guerre,
le colonel reçoit des ordres des lieutenans de
Roi ou autres officiers ayant lettres de service
pour commander dans lesdites places, mais
seulement en ce qui concerne le service intérieur de ces places ; il leur doit tous les
rapports qu'ils peuvent exiger à cet égard.

Le lieutenant de Roi ou commandant ayant
la responsabilité de tout ce qui est relatif à la

conservation de la place, c'est à lui qu'il appartient de fixer le nombre et la force des postes, des patrouilles et des piquets, de donner les consignes, de prendre ou de faire prendre par les officiers de son état-major le commandement de toutes les troupes de service. C'est dans le même esprit et par les mêmes motifs que le colonel lui doit le rapport exact et journalier des mutations en gain ou en perte, ainsi que du nombre des punitions qui seraient assez graves pour exclure momentanément du service les hommes qui en sont l'objet. Il ne peut faire prendre les armes à sa troupe, ni la faire sortir de la place, même pour les manœuvres, sans l'autorisation du lieutenant de Roi, qui toutefois ne la refuse que lorsque des considérations majeures, dont il rend compte à l'officier-général sous les ordres duquel il se trouve, lui en imposent l'obligation. Le colonel, comme tout commandant de corps ou de détachement, ne s'absente pas sans l'agrément du lieutenant de Roi; il ne le peut sans l'en informer, lors même qu'il a obtenu une permission ou un congé. Il lui fait présenter les demandes de ses subordonnés pour découcher de la garnison ou du quartier.

Ordres donnés par l'intermédiaire du Lieutenant - Colonel et du Major.

4. Le colonel fait habituellement, et autant

que possible, passer tous ses ordres, pour le service et la discipline, par le lieutenant-colonel, et, pour l'administration, par le major : l'un et l'autre lui rendent compte, ainsi qu'il est prescrit dans le cours du présent Règlement.

Lorsqu'il est absent, il reçoit tous les rapports du lieutenant-colonel, qui, présidant alors le conseil, reçoit ceux du major.

Notes sur les Officiers.

5. Le colonel se fait représenter, tous les mois, et plus souvent s'il le juge à propos, le registre tenu par le lieutenant-colonel, tant des punitions infligées aux officiers que des notes concernant leur conduite militaire et privée.

Droits et Obligations du Colonel, en matière d'Administration.

6. Quoique président du conseil d'administration, le colonel doit s'abstenir de donner, de son autorité privée, des ordres en matière d'administration, les membres du conseil étant solidairement responsables.

Lorsqu'il a suspendu l'effet d'une délibération qui lui aurait paru contraire aux ordonnances de Sa Majesté, ou aux intérêts du corps, ou simplement hors des attributions du conseil, il en réfère, à défaut d'inspecteur-général, au maréchal-de-camp commandant, s'il s'agit de la situation et de la tenue du corps, ou de

quelque réclamation; il en réfère de préférence
au sous-intendant militaire, s'il ne s'agit que
d'un objet isolé d'administration et de rigueur;
s'il s'agit de comptabilité, c'est-à-dire de la justification des dépenses, l'un ou l'autre prononce
ou prend les ordres du ministre.

Le colonel, spécialement en sa qualité de
président du conseil, se fait fréquemment
rendre compte, par le major, des détails d'administration du corps, afin de s'assurer si cet
officier y apporte le zèle, la surveillance et
la capacité nécessaires dans le double intérêt de l'état et du soldat. Il passe de rigueur,
chaque année, deux revues générales de l'habillement, de l'équipement, de linge et chaussure, des ateliers et des magasins. Ces revues
doivent précéder celles de l'inspecteur-général,
servir à constater le véritable état de l'administration, et à préparer toutes les demandes,
propositions et redditions de compte.

*Demandes de Grâces et d'Avancement soumises à son ap-
probation.*

7. En tems de paix, toutes les demandes
en faveur des officiers, sous-officiers et soldats, qui doivent être soumises aux officiers-généraux, soit qu'ils aient à prononcer
sur ces demandes, soit qu'ils aient seulement
à en faire la présentation au Ministre, sont

toujours faites par le colonel. Lorsqu'il est absent, l'officier supérieur qui le remplace ne lui réfère que celles qui doivent être soumises directement au ministre , excepté celles qui ont pour objet des affaires ou des permissions urgentes. Le colonel ne doit apporter aucun retard dans l'examen et l'expédition des affaires qui lui sont adressées.

Les propositions d'avancement aux grades de caporal et de sous-officiers sont également soumises au colonel , absent comme présent ; elles ne lui sont pas soumises en tems de guerre , lorsqu'il est absent.

Cas de Séparation.

8. En tems de paix ainsi qu'en tems de guerre , lorsque le régiment ou la légion se divise , le colonel marche avec la partie à laquelle le général commandant juge à propos de l'attacher.

Cas d'Absence.

9. Le colonel et le lieutenant-colonel ne peuvent s'absenter en même tems. Ils alternent pour les semestres ou congés.

En cas d'absence ou de maladie grave du colonel, l'autorité qui lui est attribuée appartient de droit au lieutenant-colonel , ou , à son défaut, à l'officier le plus élevé en grade ; et, à grade égal, au plus ancien.

Visites du Corps d'Officiers.

10. Le dimanche, le colonel reçoit le corps d'officiers. En son absence, cette visite est faite au lieutenant-colonel ou à tout autre officier supérieur commandant le régiment ou la légion.

Quand les localités ou le service rendent trop difficiles les visites dans l'ordre hiérarchique, le commandant du corps peut en abréger le mode. Les visites de corps à tout général employé, à tout lieutenant de Roi, ainsi qu'à toute personne à laquelle il est dû des honneurs, d'après les ordonnances ou une décision particulière, sont faites en grande tenue. Toutes les autres visites de corps à des officiers-généraux non employés, et à telle personne que ce puisse être, sont faites en petite tenue.

Lieutenant - Colonel.

Attributions générales.

11. Les fonctions du lieutenant - colonel sont de commander en second le régiment ou la légion, sous les ordres du colonel, lorsque celui-ci est présent; de le remplacer, lorsqu'il est absent, et d'être ainsi, dans l'un et l'autre cas, son intermédiaire dans toutes les parties du service, sans qu'il soit dérogé à ce qui a été et à ce qui sera dit, au sujet du major, en

matière d'administration , lorsque le colonel est présent.

Eu conséquence , le lieutenant-colonel reçoit et transmet tous les ordres du colonel pour ce qui concerne le service , la discipline , la tenue et l'instruction ; l'adjudant-major de sé- maine l'informe de ceux qui auraient été donnés extraordinairement, sans son intermédiaire. Le lieutenant-colonel doit s'assurer de la stricte exécution des uns et des autres. Lorsqu'il les expédie littéralement, il les certifie conformes ; lorsqu'il les rédige lui-même , il exprime que ce sont ceux du colonel , attendu que les inten- tions du premier chef doivent être observées, même en ce qu'il est des fonctions du lieute- nant-colonel de surveiller , vérifier ou pres- crire , afin qu'il n'y ait dans le service qu'une seule impulsion.

Rapports au Colonel. — Transmission et exécution de ses Ordres.

12. Tous les jours , à neuf heures et demie du matin , il se rend chez le colonel avec l'adjudant-major de semaine , après avoir reçu de l'officier supérieur de semaine le rap- port journalier , sur lequel il inscrit ses ob- servations et propositions.

Il peut quelquefois, avec l'agrément du colo- nel , et lorsque l'intérêt du service ne s'y op-

pose pas, se faire suppléer chez le colonel
par l'officier supérieur de semaine.

Après que le colonel a prononcé sur les
objets contenus au rapport, et sur les propositions que le lieutenant-colonel lui a faites
relativement aux inspections, à l'instruction,
aux corvées et à tout autre service (ainsi
qu'aux détails de la police de la place, s'il n'y
a pas de lieutenant de Roi ni d'officier-général),
le lieutenant-colonel charge l'adjudant-major de
transmettre de suite les décisions dont l'exécution serait pressante, et de communiquer les
autres, lors de la garde montante, à l'officier supérieur de semaine et au cercle, s'il n'a pu le
faire à l'appel de dix heures et demie.

Il se rend lui-même, autant qu'il le peut,
à l'assemblée de la garde, pour s'assurer que
les ordres soient donnés et exécutés avec
précision.

Il reçoit les rapports sur les distributions,
visites d'hôpitaux et de prisons, ainsi que le
billet général d'appel du soir. A moins de circonstances extraordinaires ou d'ordres contraires, il peut remettre au lendemain le compte
qu'il doit en rendre au colonel.

Lorsque le colonel est absent, le lieutenant-
colonel lui adresse toutes les semaines, sur le
service et la discipline du corps, un rapport

général, qui est le sommaire des rapports journaliers ; il y ajoute l'analise des rapports du major sur l'administration. Il lui rend encore sommairement compte, à la même époque, des ordres reçus et des dispositions prises en conséquence. Ces rapports de semaine ne dispensent pas le lieutenant-colonel d'écrire extraordinairement au colonel sur tout objet urgent.

Il fait exécuter les ordres généraux que le colonel a laissés, à moins que quelque motif puissant ne s'y oppose : auquel cas, il en réfère au maréchal-de-camp ou au sous-intendant militaire, selon qu'il y a lieu.

Ce qui est prescrit au lieutenant-colonel, à l'égard du colonel absent, est également observé par tout autre officier commandant le régiment ou la légion.

Visite du Dimanche.

13. Le dimanche, lorsqu'il n'y a pas d'inspection, le lieutenant-colonel, accompagné des chirurgiens, du porte-drapeau et autres officiers qui ont dû se réunir chez lui, se présente, à l'heure indiquée, chez le colonel.

Rassemblement du Corps.

14. Quand le corps prend les armes, l'officier supérieur de semaine le rassemble ; après

quoi le lieutenant-colonel en prend le commandement, qu'il garde jusqu'à l'arrivée et pendant l'inspection du colonel. Lorsque les drapeaux sont partis, le lieutenant-colonel ramène la troupe au quartier ; il fait ensuite rompre les rangs et rentrer.

Quand c'est le lieutenant-colonel qui fait l'inspection, en l'absence du colonel, le régiment ou la légion est rassemblé par l'officier supérieur de semaine, et commandé par le plus ancien chef-de-bataillon, qui le conduit sur le terrain et le ramène au quartier.

Lorsque le colonel en a pris le commandement, soit pour marcher, soit pour manœuvrer, le lieutenant-colonel se porte partout où il juge lui-même sa présence nécessaire, et où le colonel trouve à propos de l'envoyer pour la rectification et la surveillance de la marche ou des manœuvres.

Registres d'Ordres, de Punitions, d'Avancement. — Notes sur les Officiers. — Journal à la guerre, etc.

15. Le lieutenant-colonel tient' le registre d'ordres ; il exige que celui de chaque compagnie soit régulier ; qu'il soit exactement communiqué aux officiers et signé par eux ; que l'adjudant le signe les jours où il n'y a rien de nouveau, et qu'au retour d'une absence, les officiers prennent connaissance de

tout ce qui y a été inscrit depuis leur départ.

Il tient en outre, 1°. un registre contenant les punitions des officiers, et les notes concernant leur conduite militaire et privée ; 2°. un tableau des sujets propres au grade de caporal et de sous-officier, contenant le précis de tous les faits en faveur ou au désavantage des candidats : ce tableau est formé d'après les notes des capitaines, des chefs-de-bataillon et des instructeurs ; 3°. enfin, un registre où sont inscrites toutes les actions qui peuvent honorer les individus ou le corps.

Il rédige le journal des marches et opérations militaires du régiment ou de la légion ; en son absence, un adjudant-major, ou un autre officier, est désigné par le colonel pour cet objet.

Détails de Police de la Place.

16. Lorsque le corps est seul dans une garnison où il n'y a pas de commandant de place, le général, ou, à son défaut, le colonel charge le lieutenant-colonel d'en faire les fonctions, pour la police militaire et la tranquillité publique seulement, et de lui en faire chaque jour le rapport ; si le lieutenant-colonel commande en l'absence du colonel, ces détails sont donnés au plus ancien chef de bataillon.

Quand il y a plusieurs corps, c'est le plus ancien

ancien lieutenant-colonel, quelle que soit son arme, qui est chargé de ce service sous l'autorité du général, ou, en son absence, du plus ancien colonel. Si ce lieutenant-colonel se trouve commander le régiment ou la légion, la police de la place est donnée au plus ancien lieutenant-colonel après lui.

Cas d'Absence.

17. Les fonctions du lieutenant-colonel, lorsqu'il est gravement malade ou absent pour plus de huit jours, sont remplies par le plus ancien chef-de-bataillon, qui n'en fait pas moins le service de semaine à son tour.

Lorsque son absence ne doit pas excéder huit jours, ou que sa maladie ne l'empêche pas de diriger le service, c'est l'officier supérieur de semaine qui le supplée pour tout le service journalier et actif.

Cas de Séparation.

18. En tems de paix, lorsque le corps est divisé, le lieutenant-colonel peut être placé aux bataillons où n'est pas le colonel, si l'intérêt du service l'exige impérieusement; autrement, il reste avec le colonel, pour diriger, sous ses ordres, toutes les parties du service.

En campagne, si le corps est partagé en deux parties à peu près égales, le lieutenant-colonel commande les bataillons qui ne se

2

trouvent pas immédiatement sous les ordres du colonel, et réside auprès d'eux.

L'officier général décide, au besoin, de toutes les dispositions contenues au présent article.

Service des Compagnies d'Artillerie et d'Éclaireurs.

19. Le lieutenant-colonel dirige, sous les ordres du colonel, le service intérieur de la compagnie d'artillerie, tant d'après le présent Règlement que d'après ce qui est ou serait ordonné par des règlemens spéciaux, soit pour l'artillerie en général, soit pour les compagnies d'artillerie légionnaires en particulier, et celui de la compagnie d'éclaireurs, conformément au règlement de service intérieur des troupes à cheval, en tout ce qui peut lui en être applicable, en se rapprochant constamment de chacune de ces dispositions, quand elles ne peuvent pas être suivies littéralement.

Ces compagnies sont, au surplus, soumises à toutes les règles de police de la légion. Les ordres leur parviennent par l'intermédiaire de l'adjudant-major et de l'adjudant de semaine, qui en assurent l'exécution, sous la surveillance de l'officier supérieur de semaine.

Chefs-de-Bataillon.

Surveillance Générale.

20. Les chefs-de-bataillon surveillent, dans

leur bataillon, la discipline, le service, la tenue, l'entretien et la réparation des effets de toute nature ; ils s'assurent que les ordinaires soient bons et bien réglés ; que le prêt s'y consomme, excepté les deniers de poche ; que le livret des chefs d'ordinaire soit bien tenu ; enfin qu'on ne néglige aucun moyen de propreté. Ils ne s'immiscent dans l'administration et la comptabilité que relativement aux ordres à l'exécution desquels ils seraient appelés à concourir.

Absence du Lieutenant-Colonel. — Instruction. — Cas de Séparation.

21. Le plus ancien chef-de-bataillon remplace le lieutenant-colonel dans les absences de plus de huit jours, ou en cas de maladie grave.

L'un d'eux est chargé de l'instruction. (V. le titre INSTRUCTION.)

En tems de paix comme en tems de guerre, si un bataillon est divisé, son chef reste attaché à la partie la plus nombreuse, à moins qu'il n'en soit autrement ordonné.

Cas d'Absence des Chefs-de-Bataillon.

22. En cas d'absence, les chefs-de-bataillon sont remplacés, pour le commandement et le service de leur bataillon, par le plus ancien capitaine de ce bataillon.

Toutefois, dans les manœuvres, le colonel

peut, quand il le juge à propos, faire suppléer un chef-de-bataillon par le major, pour entretenir son instruction.

Visite du Dimanche.

23. Le dimanche, ils réunissent chez eux les officiers de leur bataillon, et se rendent, avec eux. chez le colonel, ou, en son absence, chez l'officier supérieur commandant.

Service de Semaine. — Comment y concourent les Chefs-de-Bataillon.

24. Les chefs-de-bataillon alternent pour le service de semaine. Quand il n'y en a qu'un de présent au corps, il demeure seul chargé de ce service, sauf le cas prévu par l'art. 43.

Rapport.

25. Tous les matins, à huit heures et demie, le chef-de-bataillon de semaine réunit, au quartier, dans un local désigné à cet effet, l'adjudant-major, l'adjudant de semaine et les sergens-majors, pour faire établir le rapport général. Après y avoir ajouté ses demandes et observations, et l'avoir signé, il va, suivi seulement de l'adjudant, le présenter au lieutenant-colonel, lui rendre tous les comptes et recevoir ses ordres.

Si le corps n'est pas caserné, ou s'il n'y a pas d'autre emplacement convenable, la réunion, pour la formation du rapport, a lieu chez le chef-de-bataillon de semaine.

Garde , Parade , Piquets , Détachemens , etc.

26. Le chef-de-bataillon de semaine se rend ensuite, s'il le peut, à l'appel de dix heures et demie. A l'heure ordonnée, il fait l'inspection de la garde ; il reçoit alors , par l'intermédiaire de l'adjudant-major de semaine , les décisions sur le rapport. Autant que possible , il fait manœuvrer la garde à son propre commandement , si elle a à sa tête un capitaine ; à celui de l'adjudant-major , si elle est aux ordres d'un autre officier ; et à celui de l'adjudant , si elle est aux ordres d'un sous-officier. Lorsqu'il n'y a point de parade , il fait défiler la garde , après avoir pris l'ordre du lieutenant-colonel , s'il est présent.

En l'absence de l'officier supérieur de semaine , si le capitaine ou l'un des capitaines de garde est plus ancien de grade que l'adjudant-major , c'est ce capitaine qui fait défiler la garde ; dans le cas contraire, ou s'il n'y a pas de capitaine de garde, c'est l'adjudant-major.

Quand il y a parade pour la garnison, le chef-de-bataillon de semaine se rend à la réunion générale comme les autres officiers.

Il est chargé d'inspecter, avant leur départ, tous les détachemens et piquets commandés par des officiers ; il doit aussi les inspecter à leur retour , si leur absence a été de plus de 48 heures.

Rassemblement.

27. Lorsque le régiment ou la légion prend les armes , le chef-de-bataillon de semaine se conforme aux dispositions de l'art. 14.

Appels.

28. Il assiste, autant que possible , à tous les appels , et y surveille les officiers et sous-officiers. Après celui du soir , il peut ordonner des contre-appels , s'il le juge à propos.

Le Lieutenant-Colonel suppléé pour le Service journalier.

29. Il supplée le lieutenant-colonel en ce qui est du service journalier , lorsque celui-ci n'est absent que pour huit jours au plus , ou qu'il n'est pas assez malade pour ne pas diriger son service.

Service concernant les Compagnies d'Artillerie et d'Éclaireurs.

30. Il surveille , sous la direction du lieute-nant-colonel , et dans l'esprit des dispositions de l'art. 19 , le service des compagnies d'artillerie et d'éclaireurs , et celui de l'adjudant-major et de l'adjudant de semaine à l'égard de ces compagnies.

Conseil d'Administration, et Major.

Le Conseil ne s'immisce dans aucune partie du Service.

31. Le conseil d'administration ne peut s'im-

miscer dans les affaires de service, de police de discipline, ni d'avancement, ses fonctions se bornant uniquement à l'administration. Néanmoins il certifie, comme extraits des registres, les états de service, campagnes et blessures des militaires proposés pour obtenir de l'avancement, des décorations ou d'autres récompenses.

Attributions générales du Major.

32. Le major dirige et contrôle toutes les parties de l'administration et de la comptabilité, exerçant, à l'égard des commandans de compagnies, du trésorier et de tous autres officiers chargés de détails, la surveillance et les droits du conseil d'administration, dont il est l'agent et le rapporteur.

Toutes les dépêches et décisions sur l'administration du corps lui sont remises par le président, qui y ajoute les dispositions qu'il juge convenables pour en assurer l'exécution.

Le major donne au trésorier et aux autres officiers de détails les ordres et les instructions qui les concernent.

Il veille à la rédaction des délibérations, lettres, rapports, états, attestations, pièces de comptabilité ; en un mot, de tout ce qui doit être signé, soit par le conseil, soit par le président seulement.

Il soumet au président les affaires sur lesquelles il devient nécessaire que le conseil délibère. Il fait le rapport de toutes celles que le président met en délibération; il donne les éclaircissemens, et produit les documéns dont le couseil ou chaque membre peut avoir besoin sur les faits, ainsi que sur l'application des règlemens.

Il donne lecture au conseil des dépêches reçues dans l'intervalle des séances; il rend compte des dispositions qu'elles ont nécessitées, et propose celles qu'elles paraissent devoir exiger. Il peut se faire suppléer par le trésorier dans la lecture des pièces, et veille à ce qu'il prenne exactement note des discussions et des décisions, pour rédiger plus tard le procès-verbal de la séance, s'il est impossible de le rédiger séance tenante.

Contrôles et Mutations.

33. Le major reçoit, tous les matins, des capitaines par les fourriers, et du trésorier par l'un des secrétaires, chacun pour ce qui le concerne, l'état des mutations et mouvemens de la veille. Les commandans de détachemens lui envoient les leurs aux époques déterminées par les règlemens d'administration ou par les ordres qu'ils ont reçus.

Il adresse un état général des mutations et mouvemens au sous-intendant militaire, tous

les jours, s'il est dans la place, et tous les cinq
jours, s'il réside ailleurs.

Distribution d'Effets et d'Armes.

34. Les bons des commandans de compagnies
pour des effets d'habillement, d'équipement,
et pour des armes, sont soumis à son approbation.

Subsistances. — Visites d'Hôpital.

35. Il assure l'exactitude des états d'effectif et bons relatifs aux subsistances, en se
conformant aux règlemens d'administration.

Le capitaine de semaine lui rend compte de
tout ce qui est relatif aux distributions de subsistance, ainsi qu'aux visites d'hôpital.

Vérifications relatives à l'Administration et à la Comptabilité.

36. Pour garantir au conseil la régularité
de la marche de l'administration, le major a
le droit de faire tel examen qu'il juge neces-
saire concernant les fonds, les registres et les
pièces de dépenses du trésorier, les registres
de l'officier d'habillement, ceux des autres officiers chargés de détails, les magasins, les
ateliers du corps et l'administration intérieure
des compagnies. A l'expiration de chaque trimestre, il procède à la vérification générale
de ces diverses parties.

A la même époque, et de préférence lors

de la revue du linge et chaussure, il passe une revue de détail de chaque compagnie, afin de constater les effets à fournir ou à remplacer, et ceux à réparer dans le trimestre suivant. Dans cette même revue, il vérifie les comptes de la masse de linge et chaussure : chaque compagnie lui a remis, à cet effet, les états et documens nécessaires, y compris un état des travailleurs, indiquant les sommes qu'ils ont payées, et les soldats qui ont fait leur service. Il s'assure que le livret de chaque homme comprenne l'indication de la totalité de ses effets et de ses armes ; qu'il cadre avec la feuille de linge et chaussure et avec celle des travailleurs ; enfin que le prix des services payés, que le fonds et les effets de première mise accordés aux recrues y soient portés.

Arrêté des Registres des divers Comptables.

37. Après avoir contrôlé les opérations des divers comptables, dans les premiers jours de chaque trimestre, le major signe tous leurs registres, et, dès-lors, est responsable avec eux des inexactitudes qui pourraient s'y trouver.

Résultat des Vérifications de Major, soumis au Conseil, etc.

38. Ce travail terminé, et en attendant que la comptabilité générale du trimestre expiré puisse être vérifiée, close et arrêtée provi-

soirement par le conseil, conformément aux règlemens, le major lui présente

La situation de l'actif et du passif de la caisse,
Celle des Magasins,
L'état des effets à confectionner,
Celui des besoins en étoffes et autres matières,
Enfin l'aperçu des dépenses à faire dans le trimestre courant.

Le major rend compte au colonel de l'état approximatif des masses de linge et chaussure, des réclamations qui peuvent lui avoir été faites, et des distributions qu'il a ordonnées pour compléter le sac de chaque homme. Il présente au conseil d'administration, quand la revue est arrêtée, l'état du décompte revenant à chaque compagnie, afin que le paiement en soit autorisé.

Changement de Conseil ou de Colonel.

39. A chaque renouvellement du conseil d'administration ou changement de colonel, le major fait établir la situation de la caisse, et celle des magasins, en partant des derniers arrêtés de compte, pour les présenter, en séance, au nouveau colonel ou au nouveau conseil.

Recrutement. — État-Civil. —,Déserteurs, etc.

40. Le major est chargé de la correspondance de détail relative au recrutement, de la surveillance des actes de l'état civil, des

poursuites contre les déserteurs, et de la recherche des hommes aux hôpitaux externes
depuis plus de six mois, en se conformant
aux ordonnances, règlemens et instructions
sur ces différens objets.

Casernement.

41. Il dirige l'officier chargé du casernement,
dans les dispositions relatives à ce service. (V.
art. 389.)

Écoles.

42. Il est chargé de l'établissement et de la
surveillance des écoles. (V. art. 320.)

Instruction, Théories et Service.

43. Il peut être éventuellement appelé à la
surveillance de l'instruction, outre les théories
dont il est chargé au titre INSTRUCTION.

Il peut encore, si le colonel l'approuve, remplacer, pour le service de semaine et dans les
manœuvres, un chef-de-bataillon absent ; mais,
dans aucun cas, le colonel ne doit lui imposer d'o-
bligation qui gênerait ses attributions spéciales.

Rapports. — Réunions pour Revues particulières. — Visite du Dimanche.

44. Le jeudi et le dimanche, et toutes les
fois qu'il en reçoit l'ordre, il se rend chez le
colonel, et lui fait un rapport sommaire et verbal sur toutes les parties du service courant
de l'administration. Le colonel indique les ob-

jets sur lesquels il désire occasionnellement un rapport spécial et par écrit.

Quand le colonel est absent, le major doit le même rapport au lieutenant-colonel ; il le doit aussi, en l'absence du lieutenant-colonel, au chef-de-bataillon qui commanderait le corps.

Lors même que le colonel est présent, le major est tenu de donner au lieutenant-colonel tous les éclaircissemens qu'il peut demander sur l'administration.

C'est à ce dernier qu'il s'adresse pour les réunions d'officiers, de sous-officiers et de troupe, auxquelles donnent lieu les revues et autres mesures d'administration, afin que le lieutenant-colonel les combine avec les autres parties du service, et prennent les ordres du colonel.

Le dimanche, il se rend, avec les officiers de l'administration, chez le colonel.

Cas d'Absence ou de Commandement.

45. En cas d'absence, ou lorsqu'il a le commandement du corps pour plus de 15 jours, il est suppléé par un capitaine pris dans les officiers susceptibles d'être appelés à l'emploi de major, excepté ceux qui rempliraient alors des fonctions administratives.

Trésorier.

Responsabilité. — Fonctions au Conseil.

46. Le trésorier est responsable, envers le

conseil d'administration , de tous les fonds qui lui sont confiés et de la tenue de ses livres. Le président du conseil et le major sout libres de faire , à cet égard, toutes les vérifications qu'ils jugent convenables.

Comme secrétaire du conseil , le trésorier rédige, sous la surveillance du major , toutes les lettres et tous les actes que le conseil doit signer.

Mutations.

47. Tous les jours , entre sept et huit heures du matin , il prend connaissance de toutes les mutations , et il les enregistre, d'après le rapport journalier que les fourriers lui apportent à cet effet, conformément à l'article 2i5. Dans la matinée , il envoie au major , par un de ses secrétaires , l'état des mutations survenues dans les grand et petit états-majors.

Il sigue et enregistre les billets d'hôpital.

Subsistances.

48. Il signe les bons de subsistances et les totalise , en se conformant , ainsi que le major , aux dispositions prescrites à cet égard par les règlemens concernant l'administration.

Prêt.

49. Tous les cinq jours, il fait le prêt à chaque sergent-major, sur une feuille signée du capitaine. .

5o. Il remet aux commandans de détachemens les livrets de solde , modèles d'états et
instructions pour leur comptabilité.

Il ne peut refuser les renseignemens que
demandent , pour ce qui les concerne, les
officiers chargés des divers détails.

Visite du Dimanche.

5r. Tous les dimanches, il se rend chez
le major pour la visite générale.

Officier-Payeur.

52. Dans les corps où il y a un officier-
payeur , ses fonctions près du trésorier sont
déterminées par les règlemens d'administration.

En détachement, elles sont analogues à celles
du trésorier , sauf les obligations particulières
qui lui sont imposées par ses instructions et
par les règlemens sur l'administration.

En ce qui est de la discipline et de la subordination personnelle , il est , dans tous les
cas, et selon son grade, soumis aux mêmes
règles que le trésorier.

Officier d'Habillement.

Attributions.

53. L'officier d'habillement est spécialement
chargé , sous la surveillance et la direction du

major de la confection, de la conservation et de la distribution des effets; il est aussi chargé de l'armement.

Adjoints. — Secrétaires. — Soldat employé au service du Magasin.

54. Il a pour adjoints, et à ses ordres, deux officiers d'un grade inférieur au sien, exempts comme lui de service, choisis par lui, et agréés par le conseil d'administration, sur la proposition du major, pour l'aider, l'un dans le détail des confections, des distributions, et dans la tenue des écritures, l'autre, dans les détails de l'armement; mais il est seul responsable envers le conseil. Il ne lui est donné qu'un adjoint, lorsqu'un seul peut suffire.

Il est en outre autorisé à employer un soldat comme secrétaire, et un autre pour le service et la tenue du magasin; tous les deux pris, autant que possible, parmi ceux qu'une cause quelconque empêche d'entrer utilement dans le bataillon, sont mis à sa disposition, sur sa présentation et la demande du major.

Distribution d'Effets.

55. Il ne peut être distribué ni armes ni aucun effet neuf que sur un bon nominatif du commandant de la compagnie, approuvé par le major.

Réparations.

56. Les réparations (autres que celles qui peuvent

peuvent être exécutées par le soldat lui-même ou par un ouvrier de la compagnie, ou qui ont lieu par abonnement) sont faites aux ateliers du corps, sur des bons visés par l'officier de la subdivision, et approuvés par le capitaine, qui y spécifie au compte de quelle masse elles doivent être imputées. Un sergent ou caporal, porteur du bon, accompagne, chez l'officier d'habillement, le soldat muni de l'effet à réparer. L'officier d'habillement vise le bon, après avoir reconnu que la réparation est exprimée comme elle doit l'être, et réellement imputable sur la masse indiquée : en cas de contestation à cet égard, le major prononce. L'officier d'habillement ne rend les effets qu'après s'être assuré que la réparation ait été bien faite.

Le magasin est ouvert tous les jours, à huit heures du matin, pour le visa des bons de réparation et la reprise des objets concernant l'armement et la bufileterie ; il ne l'est que le lundi, pendant la matinée, pour les autres réparations, et, le samedi, pour la remise des effets : ces dispositions étant essentielles pour régler le travail des ouvriers et suivre les ordres donnés aux inspections du samedi et du dimanche.

Les effets mal réparés, comme ceux mal confectionnés, sont retouchés au compte du maître-ouvrier.

3

Effets à remettre au Magasin.

57. Le magasin est ouvert tous les jours,
pour la remise des armes et effets des hommes
morts, des déserteurs et de ceux qui sont aux
hôpitaux ou en congé.

Autorité sur les Maîtres-Ouvriers.

58. Les maîtres-ouvriers ne peuvent recevoir
d'ordres, pour leurs travaux, que de l'officier
d'habillement ou de son adjoint, ni admettre
aucun bon qu'il ne soit revêtu de la signature
de l'un ou de l'autre de ces officiers.

Ils ne peuvent délivrer eux-mêmes ni effets
neufs, ni effets réparés : tout doit être reporté
au magasin, pour être soumis à la vérification
de l'officier d'habillement, et distribué par ses
soins.

L'officier d'habillement est autorisé à demander au major le remplacement de tout maître-
ouvrier incapable, infidèle, ou de mauvaise
conduite, et à punir de la consigne ou de la
prison ceux qui s'écarteraient de leurs devoirs.

Il est chargé d'exercer sur les ouvriers toutes
les retenues pour service, punitions, etc.

Exempt de Service.

59. L'officier d'habillement est exempt du
service habituel, à moins que le colonel ne
juge à propos qu'il assiste aux théories et aux
manœuvres. Au dépôt, lorsqu'il y a insuffisance

dans le nombre des officiers, il est tenu de remplir, au besoin, tous les devoirs que le major peut lui imposer.

Visites de Corps.

60. Il se rend, tous les dimanches, chez le major, pour la visite au colonel, et il se trouve à toutes les visites ou cérémonies qui demandent la réunion du corps des officiers, à moins qu'il n'en ait été spécialement excepté par le major, qui, dans ce cas, en rend compte au colonel.

Relations avec les Officiers et les Sergens-Majors.

61. Si le bien du service exige que les officiers et les sergens-majors défèrent aux demandes de l'officier d'habillement, en ce qui concerne les détails dont il est chargé, il ne leur refuse, par la même raison, aucun des renseignemens dont ils peuvent avoir besoin.

Adjudans-Majors.

Attributions. — Cas où il y a des Aides-Majors du Corps Royal d'État-Major.

62. Les adjudans-majors sont chargés des détails de la police générale et du service commun à toutes les compagnies ; mais ils doivent rester étrangers à leur police intérieure et à leur administration.

Ils alternent pour le service de semaine.

Ceux qui ne sont pas de semaine peuvent néanmoins être employés à quelques parties de ce service et à l'instruction.

Lorsque le corps est en route dans l'intérieur, l'un des adjudans-majors qui ne sont pas de semaine le devance, pour préparer ses logemens, ainsi qu'il est expliqué au titre ORDRE DE ROUTE DANS L'INTÉRIEUR. C'est aussi un de ceux qui ne sont pas de semaine qui, en campagne, le précède, pour l'établissement des camps et cantonnemens, et qui seconde l'officier supérieur chargé du service des postes extérieurs.

Quand il y a des aides-majors du corps royal d'état-major, ils alternent pour le service de semaine avec les adjudans-majors, ou y sont employés, si le bien du service l'exige, concurremment avec eux et sous leur direction. Ils les suppléent ou les secondent dans les manœuvres, et sont spécialement employés à l'instruction de détail, sous les ordres des instructeurs et sous-instructeurs. Ils ne sont attachés à un bataillon que pendant l'absence d'un adjudant-major.

Parades et Visites.

63. Aux parades, les adjudans-majors et les aides-majors se placent derrière les officiers supérieurs.

Tous les dimanches, ils se rendent, pour la visite générale, savoir, ceux attachés à des bataillons, chez leur chef-de-bataillon, les autres, chez le lieutenant-colonel.

Police des Garnisons où le Corps est seul.

64. Dans les garnisons où il n'y a pas de lieutenant de Roi, les adjudans-majors remplissent, sous la direction du lieutenant-colonel, secondés eux-mêmes par les adjudans, les fonctions analogues à celles que les adjudans de place remplissent sous le rapport de l'ordre, de la tranquillité publique et de la sûreté de la place.

Cas d'Absence.

65. Un adjudant-major absent est remplacé, à défaut d'aide-major du corps royal d'état-major, par un officier désigné à cet effet par le colonel parmi les capitaines, et, en cas de nécessité seulement, parmi les lieutenans que leur ancienneté, leur instruction et leur habitude du service rendent propres à remplir ces fonctions.

Service de Semaine. — Devoirs généraux.

66. L'adjudant-major de semaine dirige et surveille le service des lieutenans, sous-lieutenans, adjudans et sous-officiers de semaine. Il a pour supérieur immédiat le chef-de-bataillon de semaine; à défaut de celui-ci, le lieutenant-colonel.

Le service, la garde du quartier, la police des prisons du quartier, l'exactitude des signaux, la propreté dans les cours et à l'extérieur le concernent directement.

En prenant le service, il reçoit de celui qu'il relève :

1º. L'état des officiers et sous-officiers qui entrent en se‐ maine avec lui, et la note des ordres et consignes dont l'exé‐ cution aurait besoin d'être suivie plus particulièrement ;

2º. Le contrôle des officiers d'après lequel il doit les com‐ mander pour les différens services, et dans l'ordre suivant :

1º. Pour les détachemens, escortes, et pour la garde des postes extérieurs, quand elle n'est relevée qu'après un certain nombre de jours ; 2º. pour la garde de la place, qui est relevée journellement; 3º. pour les gardes d'honneur ; 4º. pour les corvées ; 5º. pour les rondes ; 6º. pour les déta‐ chemens en mer. Dans les places assiégées, il y a de plus un tour pour les travailleurs, lequel est le premier de tous.

Ce contrôle est établi sur un registre coté et pa‐ raphé par le lieutenant-colonel. On y inscrit nomi‐ nativement tous les tours de service accomplis par les officiers, en indiquant, pour les détachemens, en vertu de quel ordre ils ont été fournis.

L'adjudant-major se conforme, au surplus, aux dispositions des divers titres de l'ordonnance du service des places sur cette matière.

Rapports.

67. Tous les matins, à huit heures et demie, il se trouve à la réunion prescrite, pour le rap‐ port général, par l'article 25.

A neuf heures, il se rend chez le lieutenant-colonel et lui fait son rapport particulier sur ce qui s'est passé dans les vingt-quatre heures.

Il accompagne, chez le colonel, le lieutenant-colonel ou l'officier supérieur de semaine qui irait au rapport pour le lieutenant-colonel.

Dans toute circonstance extraordinaire ou imprévue, et pour tout ce qui est relatif aux ordres que le colonel aurait été dans le cas de donner directement, il n'attend pas l'heure des rapports pour en rendre compte au lieutenant-colonel et à l'officier supérieur de semaine ; il le fait sans délai, ou aussitôt que possible.

Appels.

68. Il assiste aux appels et en dirige les détails.

C'est après avoir reçu les décisions sur le rapport, et les ordres pour le service, qu'il se rend à l'appel de dix heures et demie. Les compagnies s'assemblent aux trois roulemens ; lorsqu'elles sont assemblées et alignées, l'appel se fait, dans toutes à la fois, au signal d'un coup de baguette que fait donner l'adjudant-major. Dès que l'appel est fini dans toutes les compagnies, il est rendu à l'adjudant-major par les officiers de semaine, réunis à cet effet en cercle autour de lui, au signal d'un autre coup de baguette. Cet appel se rend verbalement, s'il ne manque personne, et par écrit, s'il manque

quelqu'un : on y procède dans l'ordre des bataillons et des compagnies. Les officiers de semaine ne peuvent faire rompre les rangs qu'a-
près la breloque.

L'appel du soir se fait dans les chambres ;
il est rendu verbalement à l'adjudant-major par
les officiers de semaine, au point central de
réunion qu'il leur a assigné à cet effet ; il est
remis par écrit à l'adjudant, par les sergens-
majors, conformément aux articles 163 et 184.

L'adjudant-major signe le billet général de
l'appel du soir , et le fait porter , par l'adjudant, chez le colonel. Il en envoie également,
signé de lui , le double au lieutenant-colonel,
et le sommaire au lieutenant de Roi.

Il fait, après l'appel du soir , des contre-
appels toutes les fois qu'il le juge nécessaire.

Garde montante et Ordre.

69. Il se trouve régulièrement au rassemblement de la garde ; il l'inspecte , s'il en a le tems ,
avant l'arrivée de l'officier supérieur de semaine;
il fait connaître à cet officier les décisions sur
le rapport général et l'ordre pour le service ,
dans le cas où il ne l'aurait pas déjà fait à l'appel
de dix heures et demie. Il remet ensuite le commandement de la garde à l'officier de garde ,
la fait défiler , s'il y a lieu , d'après les dispositions de l'article 26 , ou la conduit au rendez-

vous général, s'il y a réunion de troupes de
plusieurs corps. C'est l'adjudant de semaine qui
l'y conduit ou la fait défiler, si elle n'est pas
commandée par un officier, et s'il n'y a pas
d'officier supérieur présent.

Après que la garde a défilé, que l'adjudant-
major a reçu l'ordre au cercle général de la
garnison, et qu'il l'a communiqué au colonel
et au lieutenant-colonel, il fait battre à l'ordre
et former le cercle aux sous-officiers ; il fait
commander le service par l'adjudant, en raison
de la force de chaque compagnie ; il donne
l'ordre et indique l'heure de tous les rassemblemens, celle des corvées, classes d'instruction, etc., afin qu'une partie du service n'en-
trave pas l'autre ; il commande, en commençant
par la gauche, et sous l'autorisation de l'officier supérieur de semaine, un ou plusieurs des
officiers de semaine pour le détail des distributions.

Le cercle rompu, l'adjudant-major informe
des ordres donnés tous les officiers supérieurs
présens. L'un des adjudans qui ne sont pas de
semaine va en donner connaissance aux officiers supérieurs et à ceux d'état-major qui
n'étaient pas à la parade.

Si, après la garde montée, il y a de nouveaux
ordres, l'adjudant-major fait battre à l'ordre

pour les sergens-majors ou pour les sergens de semaine , selon qu'il y a lieu.

L'adjudant-major veille à ce que, tous les jours, avant trois heures, l'adjudant de semaine ait dicté l'ordre aux fourriers.

Détachemens, Piquets, Classes d'Instruction , Corvées, etc.

70. Il réunit , aidé de l'adjudant de semaine , les détachemens et piquets , et s'assure qu'ils aient été inspectés par les officiers et sous-officiers de semaine ; il les inspecte lui-même , et les remet ensuite aux Officiers qui en doivent prenlre le commandement.

Il en use, pour l'inspection et la conduite au rendez-vous général des détachemens et piquets , ainsi qu'il est prescrit pour les gardes par l'article précédent.

Au signal qu'il fait donner , les classes d'instruction et les corvées de distributions sont réunies , les premières par les instructeurs , les autres par les officiers de distributions et le capitaine de semaine.

Réunions du Corps.

71. Chaque fois que le régiment ou la légion s'assemble , l'adjudant-major prend les ordres de l'officier supérieur de semaine pour réunir les bataillons au signal de l'assemblée, pour former les pelotons, s'il y a lieu, et pour envoyer chercher les drapeaux.

Les compagnies de grenadiers et de voltigeurs alternent, à tour de rôle, pour ce service ; à défaut de grenadiers et de voltigeurs,
on y envoie un peloton de fusiliers ou de chas-
seurs.

Quand le rassemblement a lieu, pour aller
au bain ou à une corvée générale, l'adjudant-
major de semaine, après avoir réuni le régiment ou le bataillon, en remet le commandement au capitaine de semaine, à moins qu'il
n'y ait un officier supérieur. Les officiers et
sous-officiers de semaine des compagnies sont
seuls obligés de se trouver à ces rassemblemens.

Inspection des Postes du Quartier. — Visite des Détenus.

72. Il inspecte, aussi souvent qu'il le juge
nécessaire, la garde de police, ainsi que les autres
postes qui auraient extraordinairement été placés au quartier ; il les dirige et les fait surveiller par l'adjudant dans tous les détails de
leur service.

Il visite et fait visiter, au besoin, par l'adjudant de semaine, les salles de discipline et
les prisons du quartier. Il s'assure que les
détenus soient exercés aux classes d'instruction,
lorsqu'ils doivent l'être ; qu'ils fassent les corvées du quartier, et qu'ils reçoivent les subsistances qui leur sont dues. Il entend les réclamations, et les fait parvenir à qui de droit,
s'il y a lieu.

73. Il accompagne le colonel et le lieutenant-colonel, quand l'un ou l'autre se trouve au quartier. Il en use de même à l'égard de tout officier supérieur qui le demanderait.

S'absente le moins possible.

74. Les fonctions de l'adjudant-major de semaine exigeant qu'il ne s'absente du quartier que le moins possible, il doit, lorsqu'il est forcé de s'en éloigner momentanément, s'assurer que l'adjudant de semaine y reste pour répondre et donner suite à tous les ordres. .

Service des Compagnies d'Artillerie et d'Éclaireurs.

75. Il exerce, sous la surveillance du chef-de-bataillon de semaine, à l'égard de la compagnie d'artillerie et de celle d'éclaireurs, l'autorité qui lui est attribuée, quant à la première, considérée comme troupe à pied, par le présent règlement, et quant à la seconde, par le règlement de service intérieur de la cavalerie, en tout ce qui leur en est applicable dans l'esprit de l'article 19.

Adjudans-Majors de semaine secondés au besoin.

76. Quant, à raison des difficultés du service ou des localités, les adjudans-majors de semaine ne peuvent suffire à toutes leurs fonctions, le colonel désigne pour les seconder, à défaut

d'aide-major du corps royal d'état-major, un officier qu'il exempte à cet effet de tout autre service.

Chirurgien-Major et ses Aides.

Présence aux Réunions des Officiers. — Visite du Dimanche.

77. Le chirurgien-major et ses aides se trouvent, quand ils en reçoivent l'ordre, aux réunions extraordinaires des officiers ; ils s'y placent avec les capitaines et lieutenans de l'état-major.

Le dimanche, ses aides viennent chez lui, et il se rend avec eux chez le lieutenant-colonel pour la visite générale.

Visite journalière au Quartier.

78. Tous les matins, à sept heures, en été, et à huit heures, en hiver, il fait sa visite au quartier, après avoir pris au corps-de-garde de police les billets que les sergens-majors y ont mis pour lui indiquer les hommes qui ont besoin de ses secours. Dans sa tournée, il observe la qualité des alimens et ce qui intéresse la salubrité des chambres.

Quand il y a des malades à la salle de police, en prison, ou au cachot, il en est prévenu par le commandant de la garde de police. Il envoie à l'hôpital ceux dont l'état l'exige.

Le chirurgien-major peut, au besoin, et

avec l'autorisation du lieutenant-colonel, être remplacé par son aide dans la visite journalière du quartier et des prisons ; mais les billets d'hôpital ne peuvent être délivrés que par lui. Il prend les mesures nécessaires pour que la signature n'en soit jamais retardée. L'aide ne peut les signer qu'en l'absence du chirurgien-major.

Le chirurgien qui a fait la visite en rend verbalement compte au chef-de-bataillon de semaine, à la réunion pour le rapport général, s'il est possible. Il lui demande la sortie de prison de ceux qu'il juge ne pouvoir y rester pour cause de santé , et qui pourtant ne seraient pas dans le cas d'aller à l'hôpital.

Infirmerie.

79. Le chirurgien-major est tenu de traiter au corps les maladies légères, les maladies vénériennes et cutanées simples. Il propose au lieutenant-colonel les mesures nécessaires pour l'organisation , l'entretien et la police de l'infirmerie , et toutes celles qu'il croit propres à assurer l'effet de ses soins.

Un caporal , exempt de tout autre service et des corvées de sa compagnie , est attaché à l'infirmerie , et y fait exécuter les ordres qu'il reçoit du chirurgien.

Exemptions de Service.

80. Ce n'est que sur son certificat qu'un caporal ou soldat est exempt de service pour cause de maladie ou d'accident. Ce certificat, qui est soumis à l'approbation du lieutenant-colonel, ne doit être donné qu'après un examen scrupuleux. Cette disposition est applicable aux hommes sortant des hôpitaux.

Visites aux Hôpitaux.

81. Il visite, deux fois par semaine au moins, les malades du régiment ou de la légion qui peuvent se trouver dans les hospices civils de la place; il prend connaissance de leur traitement; il rend compte de ses observations au commandant du corps, et, s'il y a lieu, à l'intendant ou sous-intendant militaire. Il accompagne les officiers supérieurs dans leurs visites aux hôpitaux et à l'infirmerie.

Quand il en est requis par l'autorité compétente, il doit faire le service aux hôpitaux militaires ou dans les salles militaires des hospices civils de la garnison : il en est de même de ses aides. Ce service extraordinaire, lorsqu'il est fait par le chirurgien-major, ne le dispense pas de donner ses soins à l'infirmerie du corps.

Rapport journalier.

82. Tous les jours, vers onze heures du

matin, il fait son rapport au lieutenant-colonel sur le nombre et l'état des malades, spécialement de ceux qu'il a jugés dans le cas d'être envoyés à l'hôpital.

Salubrité du Quartier. — Bains.

83. Tous les quinze jours, il fait une visite générale du quartier, rend compte au lieutenant-colonel de tout ce qu'il reconnaît contraire à la santé, indique les divers moyens de salubrité que permettent les circonstances et les localités. Il propose les bains quand il le juge convenable, et y accompagne la troupe avec son aide.

Visite générale tous les trois mois. — Visite des Recrues, Semestriers et Congédiés.

84. Tous les trois mois, il fait, avec son aide, une visite exacte et individuelle de tous les sous-officiers et soldats, pour reconnaître les maladies cutanées ; les dispositions nécessaires à cet égard sont concertées entre le major et le lieutenant-colonel. Il visite plus fréquemment les recrues.

Avant le départ des semestriers, il les visite tous avec attention, pour que ceux qui seraient atteints de ces maladies ou de maux vénériens soient privés de leur congé. Ceux chez lesquels ces maladies sont légères peuvent jouir de leur congé aussitôt après leur guérison.

Il visite

Il visite également les recrues à leur arrivée , ainsi que les hommes qui sont sur le
point de quitter le corps par congé absolu ,
de réforme ou de retraite.

Manœuvres. — Marches.

85. Toutes les fois que le régiment ou la
légion manœuvre , ou est en route , il est tenu
de s'y trouver, pourvu de linge , bandes et
médicamens de premier appareil. Pour les manœuvres , il peut, avec l'agrément du lieutenant-colonel , se faire remplacer par son
aide.

Il doit toujours avoir en réserve des bandages
de plusieurs espèces.

Soins gratuits. — Médicamens payés.

86. Il doit gratuitement ses soins à tous les
individus qui composent le régiment ou la légion.

Les officiers que le colonel autorise à être
traités chez eux sont tenus de payer les médicamens.

Indications du Logement , etc.

87. L'indication de son logement et des
heures où l'on peut le trouver chez lui doit
toujours être affichée au corps-de-garde de
police ; il en est de même pour ses aides.

Place en route.

88. En route , et à la guerre , il marche et

4

loge avec l'état-major du régiment ou de la légion , ne gardant qu'un sous-aide près de lui , les autres devant marcher et loger avec leur bataillon.

Aide ou Sous-Aide détaché.

89. Un aide ou sous-aide détaché remplit , envers le commandant et la troupe , les mêmes devoirs que le chirurgien-major au corps.

Porte-Drapeau.

Casernement.

90. Le porte-drapeau est chargé des détails du casernement, sous la direction et la surveillance du major. (V. le titre Assiette du logement.)

Service.

91 Lorsqu'il n'y a dans une compagnie qu'un lieutenant ou sous-lieutenant , le porte-drapeau peut y être attaché pour le service de semaine.

Présence aux réunions d'Officiers.

92. Lors des réunions du corps d'officiers pour les visites ou les cérémonies, il se rend chez le lieutenant-colonel.

Capitaine.

Devoirs généraux.

93. Les premiers soins du capitaine doivent être d'inspirer à ses soldats du zèle et de l'amour pour le service; de leur rendre facile la pratique

de leurs devoirs par ses conseils, par l'usage équitable de son autorité, et par une constante sollicitude pour leur bien-être. Il est l'intermédiaire indispensable de toutes leurs demandes. Il doit s'attacher à connaître le caractère et l'intelligence de chacun d'eux, pour être à portée de les traiter, en toute circonstance, avec une justice éclairée.

Responsabilité.

94. Le capitaine est responsable de la police, de la discipline et de la tenue de sa compagnie; il l'est également des parties de l'instruction qui doivent s'enseigner dans les chambres, telles que les règles de discipline, de tenue et du service intérieur, les dispositions du code pénal, et tout celles relatives à la désertion; le service des sous-officiers, caporaux et soldats de garde dans les places et en campagne; le soin des armes et des objets d'habillement et d'équipement.

Il est responsable de la bonne administration de sa compagnie, et comptable des deniers envers le conseil d'administration; il est, à cet égard, sous la direction et la surveillance du major, lequel est, ainsi qu'il a été dit, l'organe et l'agent du conseil.

Formation des Compagnies.

95. Chaque compagnie d'infanterie est divisée, pour les détails et le service journalier et inté-

rieur, en *sections*, *subdivisions* et *escouades*, conformément au tableau N°. 1.

La compagnie étant assemblée à l'effet de procéder à la formation des sections, subdivisions et escouades, en ce qui est des caporaux et soldats, on extrait des rangs, pour les répartir ensuite dans les escouades, les hommes qui entrent rarement en ligne, comme ouvriers, etc.; on forme la compagnie de la droite à la gauche, par rang de taille, prenant le premier tiers pour former le premier rang, le second tiers pour le troisième rang, le dernier tiers pour le second rang, et plaçant les caporaux de préférence au premier et au troisième rang, à la droite et à la gauche des sections, de manière à les encadrer, et à ce que chacun d'eux se trouve dans une escouade différente.

Le peloton étant ainsi formé, comme il doit l'être dans l'ordre de bataille, est partagé en deux sections, quatre subdivisions et huit escouades, et l'on établit en conséquence le contrôle général de la compagnie, qui reste dès lors dans cette formation pour les chambrées, les ordinaires, les marches, etc. Les sections, pour l'ordre de bataille indiqué par le tableau N°. 2, pour les manœuvres et pour tout rassemblement, sont composées des mêmes hommes, et, autant que possible, dans le même ordre que dans les subdivisions et escouades , afin que les officiers et les sous-officiers aient les mêmes subordonnés à commander dans toutes les situations.

Le contrôle mentionné ci-dessus est le seul en usage pour les rassemblemens armés ou non armés , y compris les appels. Il y en a un autre , par ancienneté , pour les revues des intendans ou sous-intendans militaires , et pour commander le service d'après les dispositions de l'ordonnance des places.

En tems de paix, à moins que des cas particuliers ne nécessitent plutôt un nouveau classement , cette formation et ce contrôle ne doivent subir de changement qu'au retour des semestriers , et qu'autant que le nombre des mutations survenues pendant le cours de l'année rend alors cette opération indispensable. Les vacances qui surviennent dans cet intervalle parmi les sergens et les caporaux sont remplies par les nouveaux promus , sans égard au rang d'ancienneté. En tems de guerre , cette opération est renouvelée aussi souvent que le colonel le juge nécessaire. Dans tous les cas , on a soin de répartir les recrues de manière à maintenir constamment l'ordre dont il s'agit.

Enfin , tous les rassemblemens et toutes les formations s'opèrent , autant que possible , sur chaque section et par les soins des officiers et des sous-officiers qui y sont attachés.

La formation des compagnies d'éclaireurs et d'artillerie des légions est établie sur les principes analogues à ce que prescrivent les règlemens particuliers à la cavalerie et *?* l'artillerie.

Formation et Surveillance des Ordinaires.

96. Le capitaine prend, autant que possible, des caporaux pour chefs d'ordinaire, et de préférence le plus ancien dans chaque chambrée, s'il y en a deux; mais comme tel caporal, d'ailleurs très-propre aux autres fonctions de son grade, ne l'est pas toujours à celle de chef d'ordinaire, le capitaine peut désigner le caporal le moins ancien ou un soldat qui à l'aptitude réunisse la confiance de ses camarades; le plus ancien caporal n'en reste pas moins chargé de tout ce qui est relatif à la police et à la discipline de sa chambrée.

Le capitaine a soin que les ordinaires ne soient composés habituellement que d'hommes de mêmes chambrées, subdivisions et escouades, et que le nombre n'excède jamais treize, quinze ou dix-sept, proportions reconnues les meilleures et les plus économiques; toutefois ces arrangemens sont subordonnés aux circonstances et aux localités.

Il surveille les officiers de section dans leurs

devoirs à l'égard des ordinaires; il s'assure fréquemment, par lui-même, que les comestibles
soient de bonne qualité et en quantité suffisante,
que le prêt soit employé à sa destination, et
que les bouchers et les boulangers soient exactement payés. Tous les mois, il se fait remettre
les quittances de ces fournisseurs par les officiers de section. Ces officiers sont sous sa direction exclusive pour ces détails, sans cependant
pouvoir se dispenser, quant à l'emploi journalier du prêt, de donner à l'officier supérieur
et au capitaine de semaine les renseignemens
qu'ils pourraient demander.

Hommes allant aux Hôpitaux. — Déserteurs, etc.

97. Le capitaine signe les billets d'hôpital; il
s'assure que les effets que les malades emportent
y soient détaillés, et qu'il ait été gardé un état
de ceux qu'ils laissent. Les effets des hommes
allant à l'hôpital, soit du lieu, soit externe,
et ceux des déserteurs et rayés des contrôles,
sont remis au magasin d'habillement, conformément à l'article 178.

Leur compte en deniers et l'état de leurs
effets doivent être arrêtés sans délai par lui, et
envoyés au major avec le rapport du lendemain.

Il fait faire l'inventaire des effets des sous-
officiers et soldats décédés, le signe, et en remet
un double au major, ainsi qu'à l'officier d'ha-

billement pour ceux desdits effets que le corps
doit réclamer. '

Comptabilité.

98. Comme le capitaine est seul responsable
de toute la comptabilité tenue dans sa compagnie, il ne doit point s'en rapporter aveu-
glément à son sergent-major. Quand ce dernier
est remplacé, il arrête ses comptes, vérifie s'ils
sont d'accord avec les livrets des hommes ; mais
il ne peut rendre responsable le successeur qu'autant que celui-ci a assisté à cette vérification,
ou l'a faite lui-même en présence des officiers
de section. '

Il doit tenir une feuille, conforme au modèle
existant, sur laquelle il fait inscrire, par le
sergent-major, au rapport, toutes les mutations;
il ne doit signer ni le rapport, ni la feuille
de prêt, ni aucun autre état, sans les avoir
vérifiés ; il tient pardevers lui une note exacte
de tous les bons qu'il signe ; enfin, il vérifie
souvent, et de rigueur tous les trois mois, les
registres du sergent-major, qu'il confronte
avec sa feuille de subsistance, les notes qu'il
tient lui-même, et les livrets des soldats.

Il se fait présenter, à leur retour à la compagnie, par l'officier de section, et munis de
leur livret, tous les hommes qui ont été absens
pour quelque cause que ce soit.

Linge et Chaussure.

99. C'est aux capitaines qu'il appartient, sous la surveillance spéciale du major, de pourvoir les soldats des effets qui sont au compte de la masse de linge et chaussure; mais ils sont tenus de se conformer aux échantillons que le conseil doit arrêter.

Afin d'obtenir uniformité dans les prix et qualités tant des effets au compte de la masse de linge et chaussure que de ceux de première mise, à la bonne qualité desquels ils sont également intéressés, les capitaines se réunissent, sous la présidence du major, à l'officier d'habillement, et nomment trois d'entre eux pour procéder aux marchés et achats nécessaires. Les effets entrent au magasin d'habillement, et sont distribués sur les bons nominatifs approuvés par les capitaines, visés par le major, et portant l'*avoir* en masse de chaque homme.

Pour maintenir les lieutenans et sous-lieutenans dans une surveillance et une activité nécessaires à leur instruction et utiles aux intérêts particuliers du soldat, le capitaine n'approuve les bons du linge et chaussure qu'après qu'ils ont été vérifiés et visés par les officiers de section; il exige que, tous les mois, ces officiers fassent la revue de détail des effets, et la comparaison des livrets; il y assiste quel-

quefois, ou en fait une particulière pour la
vérifier. Tous les trois mois, il en fait une lui-
même, et arrête ensuite les comptes de cette
masse.

Réparations et Remplacemens d'Effets.

100. Le capitaine doit mettre la plus sévère
impartialité à imputer à la charge du soldat,
quand il y a lieu, les réparations ou remplacemens d'effets, le corps ne devant payer que
ce que la vétusté, ou un accident qu'on n'a pu
prévenir, a mis hors de service ou en réparation.

Il exige que les officiers de section décident
des réparations ordinaires, qu'ils en visent les
bons, les soumettent à son approbation, et
qu'ils ordonnent d'eux-mêmes toutes celles qui
s'effectuent par abonnement, ou qui peuvent
être exécutées, soit par le soldat lui-même,
soit par un ouvrier de la compagnie.

Services payés.

101. Pour donner de plus en plus à ces officiers l'habitude des détails, il exige encore qu'ils
lui proposent, pour faire les services payés,
les hommes qui ont le plus besoin de cette
ressource. Les changemens à cet égard ne doivent, autant que faire se peut, s'opérer que
tous les trimestres.

Il se fait représenter souvent les bordereaux

ou livrets que ces officiers et son sergent-major doivent tenir, tant pour les services payés que pour d'autres détails.

Marque des Effets.

102. Il se concerte avec le capitaine d'habillement pour que les effets de chaque homme soient marqués au numéro de l'homme et à la lettre affectée à la compagnie.

Petites Réparations. — Frater.

103. Quand il n'y a pas de dispositions générales pour les petites réparations, il peut, si cela est indispensable, exempter de service l'homme qu'il en a chargé pour sa compagnie.

Il peut également exempter de service celui qui est chargé de la coupe des cheveux des sous-officiers, caporaux et soldats : celui-ci reçoit, tous les mois, pour chaque homme qu'il rase, *quinze centimes*, que le capitaine lui fait payer par le sergent-major sur les fonds des ordinaires.

Inspections de Détails.

104. Il visite tous les jours sa compagnie.

Tous les samedis, il fait faire, par les officiers de section, un examen détaillé de l'habillement, de l'armement et de l'équipement.

Chaque fois que la compagnie s'assemble, il reçoit les rapports des officiers de section, et fait ensuite son inspection.

105. A huit heures du matin , il reçoit du sergent-major la feuille de rapport , et la signe après y avoir inscrit toutes ses observations et propositions.

Il signe également, après l'avoir vérifié, le relevé des mutations qui lui est apporté en même tems par le sergent-major , et il le lui rend pour être porté , dans la matinée , au major par le fourrier.

Après l'appel de dix heures et demie , il reçoit le rapport verbal de l'officier de semaine , conformément à l'article 140.

Tous les jeudis , il va faire le sien au commandant de son bataillon. Il y va en outre chaque fois qu'il survient quelque chose d'important.

Rapports de Semaine. — Visite du Dimanche.

106. Tous les dimanches, il se rend chez le commandant de son bataillon avec ses officiers, et lui remet une feuille de mouvement, indiquant toutes les mutations, permissions et réclamations qui ont eu lieu dans le cours de la semaine, avec la force comparée d'une semaine à l'autre. Les capitaines des compagnies, qui ne font pas partie des bataillons , font ces rapports directement au lieutenant-colonel, et se rendent chez lui pour la visite du dimanche.

Éclaircissemens fournis aux Officiers de Détails.

107. Il doit donner avec empressement les éclaircissemens qui lui sont demandés par les officiers chargés de quelque détail particulier ; Il en réfère au major , s'il y a lieu.

Demandes des Officiers.

108. Toutes les demandes de congé ou permission, d'avancement, de récompenses , etc. , faites par les lieutenans et les sous-lieutenans, sont soumises au capitaine.

Cas de Séparation.

109. En cas de séparation, le capitaine marche et cantonne avec la première section, ou la partie la plus forte de la compagnie, emmenant avec lui le sergent-major et le fourrier.

Service de Semaine. — Les Capitaines alternent pour ce Service.

110. Le service de semaine , pour les capitaines , se commande par la tête du contrôle ; il commence le dimanche après la parade et finit le dimanche suivant. Les capitaines roulent entre eux pour ce service sur tout le corps ; dans un bataillon ou détachement de plusieurs compagnies, sur le bataillon ou détachement ; dans une compagnie détachée seule , il est borné aux distributions, et c'est l'officier de semaine qui en est chargé.

Les sous-instructeurs en sont exempts.

Le capitaine de semaine se trouve à la garde montante ou à la parade générale, lorsque ses autres devoirs ne s'y opposent pas. Le sergent-major, ou, à son défaut, le caporal-fourrier de sa compagnie, l'informe des ordres et des dispositions concernant son service.

Surveillance des Chambres, Armes, Effets, etc.

111. Le capitaine de semaine surveille, sous les ordres de l'officier supérieur de semaine, la police des chambres, leur propreté, celle des corridors et escaliers, la tenue et l'arrangement des armes et des effets, la qualité des alimens et la régularité des repas. Il fait souvent sa visite au moment de la soupe, et habituellement après la garde montée, pour s'assurer de la bonne tenue des chambres. S'il ne les trouve pas en ordre, il réprimande ou punit les officiers de section; ceux-ci lui doivent les comptes qu'il leur demande pour tout ce qui est de sa compétence.

Visite des Hôpitaux et des Prisons.

112. Il visite tous les jours, au moment de l'une des distributions d'alimens, celle du matin de préférence, les hôpitaux du lieu dans lesquels il y a des militaires malades, ainsi que les salles d'infirmerie du régiment ou de la légion, s'il y en a d'établies. Il vérifie la qua-

lité, la préparation et la quantité des alimens,
et s'assure que le sergent de planton ait rempli
ses devoirs à cet égard. Il reçoit les demandes
et les réclamations des malades, les vérifie,
les porte à la connaissance de qui de droit,
et fait les démarches nécessaires pour que justice leur soit rendue. Il s'informe si on n'a pas
à se plaindre d'eux sous le rapport du bon ordre,
de la décence et de la déférence qu'ils doivent
aux personnes qui leur donnent des soins.

Il visite également les prisons de la place
dans lesquelles il y a des militaires du corps;
il reçoit leurs réclamations et les transmet au
lieutenant-colonel.

Dans les garnisons où il y a plusieurs corps,
ces visites des hôpitaux et des prisons de la
place sont faites par un des capitaines de semaine des corps de la garnison, alternativement commandés, à cet effet, par l'état-major
de la place. Dans ce dernier cas, il doit des
rapports directs au commandant de la place.

Bains. — *Corvées générales.*

113. Quand le corps est rassemblé pour aller au bain, ou pour une corvée générale,
il en a le commandement, à défaut d'officier
supérieur de semaine; si cet officier supérieur
est présent, le capitaine de semaine est sous
ses ordres.

*Distributions. — Le Capitaine de Semaine chargé des
Distributions.*

114. Le capitaine de semaine est chargé des
distributions , sous les ordres et la direction
du major , ainsi qu'il va être prescrit.

Quand , accidentellement , le service de place ,
mentionné en l'article 112 , ne peut se conci-
lier avec les heures des distributions , un autre
capitaine est commandé , à titre de corvée ,
pour le détail des distributions du jour, sans que,
pour cela , son tour de semaine soit réputé passé.

Le capitaine de semaine est secondé , pour
le détail général des distributions , par des officiers de semaine, commandés à cet effet par l'adjudant-major de semaine , et, pour le détail de
chaque compagnie , par le caporal-fourrier , et,
au besoin, par le sergent ou le caporal de semaine.

Ses devoirs à cet égard sont les mêmes , ou
du moins analogues , soit en marche , soit dans
les camps , soit dans les cantonnemens.

Bons de Distribution.

115. Il reçoit du trésorier , qui est chargé de
former tous les états et de faire les enregistremens
nécessaires , le bordereau général et les bons
pour chaque espèce de distribution. Ces bons
doivent être signés du trésorier et du major.

Officiers qui doivent assister aux Distributions.

116. Si les diverses distributions ont lieu successivement ,

cessivement, il y préside lui-même, autant que possible ; dans le cas contraire , il se réserve celle du pain, comme la plus essentielle , et charge des officiers de semaine , à qui il remet les bons à cet effet, de présider à chacune des autres.

Rassemblement et Conduite des Corvées.

117. Aux heures indiquées pour les distributions, le tambour de service fait la batterie d'usage.

Les sous-officiers, fourriers et caporaux sont en tenue et armés de leurs sabres ; les soldats sont ou en veste retournée , ou en sarrau , ou en capote et bonnet de police.

Les sergens et caporaux de semaine font sortir les hommes nécessaires, et les classent pour chaque espèce de distribution.

Les appels terminés dans chaque compagnie, le capitaine de semaine, aidé de l'adjudant de semaine, fait le rassemblement général par espèce de corvée ; ensuite il répartit ses officiers, et les diverses corvées se mettent en marche aux commandemens accoutumés. Le capitaine conduit celle du pain , et se fait seconder par un officier de semaine : les officiers et sous-officiers marchent sur le flanc de la troupe pour maintenir l'ordre et le silence.

Lorsque cela est jugé nécessaire, il est commandé un piquet armé pour assurer le maintien du bon ordre au lieu où se font les distributions.

Arrivé au magasin, l'officier de distributions y entre pour examiner les denrées ; les sergens et les fourriers restent en dehors pour le bon ordre, pendant que les compagnies attendent leur tour de distribution, qui leur est annoncé par l'officier. Chaque bataillon, dans le régiment ou la légion, est, à son tour, servi le premier à chaque espèce de distribution ; il en est de même de chaque compagnie dans le bataillon.

Examen et Distribution des Denrées.

118. Le capitaine de semaine prend tous les moyens convenables pour s'assurer de la qualité et du poids des denrées ; il surveille et fait surveiller ceux qui reçoivent et comptent ; il fait de nouveau compter, mesurer ou peser, s'il le juge à propos.

Si l'on a à se plaindre du poids ou de la qualité, et s'il ne peut faire rendre justice sur-le-champ, soit en faisant changer les denrées, soit, s'il y a impossibilité de les faire changer à tems, en prenant un supplément proportionné, il est autorisé à suspendre la distribution, et à faire de suite, en personne, toutes les démarches auprès de l'intendant ou sous-intendant militaire, ou auprès des autorités locales, pour rétablir les distributions telles qu'elles doivent être : il s'adresse même, s'il en est besoin, au chef de l'état-major, ou au général. Le major l'appuie de son intervention et de ses démarches , si cela est nécessaire.

Lorsque plusieurs distributions ont lieu en même tems , le capitaine , après que la qualité et le poids ont été vérifiés et acceptés , fait commencer la distribution , charge l'officier de semaine qu'il s'est adjoint de la suivre , et se porte aux autres pour les juger également. L'officier qui l'y a devancé a déjà procédé à un premier examen , et à la distribution , s'il n'y a pas eu de réclamations ; dans le cas contraire, il fait prévenir le capitaine et attend son arrivée.

Le fourrier est suppléé , aux distributions auxquelles il ne peut assister , par un sergent ou caporal , à qui il en remet les bons , d'après l'autorisation du capitaine de semaine.

Le fourrier de chaque compagnie , ou celui qui le supplée , compte toute les rations avec le préposé , en présence de l'officier de distribution , et demeure responsable de toute erreur et de tout mécompte.

L'officier qui a présidé à chaque distribution en donne son récépissé , s'il y a lieu.

A mesure que chaque compagnie est pourvue, ses hommes de corvée retournent en ordre au quartier , sous la conduite de leurs sous-officiers , à moins que l'éloignement du lieu de la distribution , ou quelque autre motif , n'ait fait juger plus convenable d'ordonner que les compagnies d'un même bataillon se réunissent , après la distribution , pour revenir au quartier sous la conduite d'un officier.

Rachats défendus.

119. Le capitaine de semaine veille à ce que, pendant la distribution, il ne se fasse aucun rachat: ce qui d'ailleurs est défendu par les règlemens.

Rapports.

120. Outre les rapports de détail que le capitaine de semaine fait au major, sur les distributions et sur les hôpitaux , il en fait au lieutenant-colonel sur les mêmes objets, ainsi que sur les autres parties du service dont il est chargé.

Lieutenans et Sous-Lieutenans.

Fonctions.

121. Les lieutenans et sous-lieutenans roulent ensemble pour le service. Ils sont employés par le capitaine à tous les détails de service, de police et d'administration de la compagnie.

Leur service habituel se divise en devoirs d'officiers de section et d'officiers de semaine : pour ce dernier service , ils roulent entre eux et avec les officiers à la suite ou surnuméraires attachés à la compagnie.

Commandement de la Compagnie en l'Absence du Capitaine. — Cas de Séparation.

122. En l'absence du capitaine, le lieutenant, et, à défaut de celui-ci, le sous-lieutenant, commande la compagnie : ce qui ne les dispense que des corvées étrangères au service de se-

maine. Cependant le colonel peut donner le commandement à un officier plus élevé en grade qui ne serait pas de la compagnie, et même, pour des motifs graves dont il rendrait compte au maréchal-de-camp, à un officier plus ancien de grade que celui de la compagnie.

Lorsque la compagnie est divisée, le lieutenant marche et cantonne avec la seconde section ou avec la partie la moins forte ; le sous-lieutenant suit le capitaine.

Officier malade.

123. Quand un officier ne peut vaquer à son service, pour cause d'indisposition, il en informe à tems son capitaine ; s'il est de semaine, il en prévient aussi le capitaine et l'adjudant-major de semaine, et il est remplacé dans ce service. Il est tenu, dans les deux cas, de garder la chambre pendant au moins vingt-quatre heures.

Garde montante et Parade.

124. Lorsqu'il y a parade, tous les officiers indistinctement sont tenus d'y assister ; dans le cas contraire, les officiers de semaine seuls se trouvent à la garde montante.

Visite du Dimanche.

125. Tous les dimanches, les officiers de chaque compagnie se rendent chez leur capitaine, et l'accompagnent dans la visite générale.

126. Les officiers de section sont spéciale-ment chargés , chacun dans sa section , et sous les ordres des capitaines , de l'entretien de l'ha-billement , des armes , du grand et du petit équipement , et d'assurer journellement l'arran-gement et la propreté de tous les effets , ainsi que le bon emploi du prêt.

Surveillance sur les Sous-Officiers ; Maintien de l'ordre dans la Section.

127. L'officier de ch aque section surveille et dirige les sergens des deux subdivisions qui la composent dans toutes les parties du service qui leur sont confiées.

· Il maintient un ordre invariable dans sa sec-tion , en excitant l'émulation des sergens et des caporaux , en qui il réprime la trop grande familiarité , ou des manières trop brusques avec le soldat qu'on ne doit jamais tutoyer , ni in-jurier , ni maltraiter. Il étouffe avec soin tout germe de rixe , entretient l'union et le goût du métier , et ne s'éloigne jamais de l'impar-tialité et de la justice.

États à tenir.

128. Le sergent-major doit à l'officier de section tous les éclaircissemens relatifs à l'ad-ministration ; et , pour que cet officier soit à même de suivre chaque jour les détails dont il est chargé et de tenir note des mutations tant

dans le personnel que dans le matériel, il lui fait fournir, par le fourrier, à chaque trimestre,

1º. Un état nominatif de la section, désignant les ouvriers soit en ville, soit au corps ;

2º. Un état de l'armement de l'équipement, de l'habillement et des masses de la section.

Conservation des Effets.

129. L'officier d'une section ne néglige aucun moyen d'assurer la conservation et la propreté des effets. Tous les samedis, il fait un examen général de l'habillement, de l'équipement et de l'armement. S'il y a des effets perdus ou dégradés, il en rend compte au capitaine, et lui en propose le remplacement ou la réparation, soit à la charge du soldat, soit à celle du corps, selon le cas. Il en fait faire les bons par le sergent-major, il les vérifie et les vise avant qu'ils soient soumis à l'approbation du capitaine. Il prescrit de lui-même toute réparation qui peut s'exécuter par le soldat ou par l'ouvrier de la compagnie, ainsi que celles qui se font par abonnement.

Au retour de l'exercice et des manœuvres, il se fait rendre compte, par les sergens, des objets perdus ou dégradés ; il en fait son rapport au capitaine, après s'être assuré, par un examen attentif, si leur perte ou leur détérioration a été occasionnée par le fait du service.

Souvent, et à l'improviste, il fait la visite

de tout ce qui appartient à un homme qu'il soupçonne d'inconduite.

Linge et Chaussure.

130. Il vise les bons de linge et chaussure ; le capitaine les approuve.

Le 29 ou le 30 de chaque mois, il fait une revue de linge et chaussure ; il vérifie si les livrets des soldats sont exacts, et s'ils sont conformes à l'état qui lui en a été remis par le sergent-major.

Après la revue du trimestre, il dresse et remet à son capitaine un état des besoins de tous les soldats de sa section, et un autre état des hommes qui ont rétabli leur masse par les services payés, comme de ceux à qui cette ressource est le plus nécessaire.

Détails intérieurs des Chambrées.

131. A moins d'impossibilité, l'officier voit chaque jour sa section avant la parade, et de préférence à l'heure de la soupe, dans le but de surveiller et de faire surveiller, par les sergens de subdivision, les caporaux de chambrée et les chefs d'ordinaire dans tous leurs devoirs ; d'assurer ainsi la bonne tenue des chambres, l'arrangement des effets, premier moyen de leur conservation, et de veiller aux détails de l'ordinaire, ainsi qu'il va être dit.

Surveillance des ordinaires.

132. La subsistance du soldat demandant une sollicitude constante et une marche régulière,

l'officier de chaque section demeure chargé de la surveillance des ordinaires.

Il doit s'assurer par lui-même que le sergent-major distribue le prêt aussitôt qu'il l'a reçu, qu'il l'inscrive sur les livrets des ordinaires, avec les divers produits qui peuvent en augmenter la recette ; il veille à ce qu'il soit consommé en entier, excepté les deniers de poche, pour la nourriture de l'ordinaire et les dépenses de propreté. Il fait prendre, par les sergens, des informations chez le boucher et le boulanger, pour savoir s'il ne leur est rien dû ; tous les mois, il en remet les quittances au capitaine. Quand l'ordinaire est obéré ou qu'il y a quelque dépense urgente, il propose au capitaine d'autoriser le chef d'ordinaire à une diminution qu'il fixe sur une ou plusieurs prises de viande. A la fin de chaque prêt, il en arrête le compte, et fait porter en tête du nouveau prêt l'excédant de la recette ou de la dépense.

Détails de Tenue et Propreté.

133. Il veille à la propreté personnelle des soldats ; il exige qu'ils changent de linge le dimanche, qu'ils soient rasés, et qu'ils se nettoient la tête aussi souvent qu'il est nécessaire ; il s'assure habituellement que le blanchîment de la buffleterie se fasse par les procédés prescrits ; il fait exécuter, aux époques fixées, les règlemens sur la coupe des cheveux, et réclame, au besoin,

le renouvellement des draps de lits, ainsi que
le remplacement des effets de casernement.

Surveillance des Caporaux à l'égard des Recrues.

134. Il tient la main à ce que les caporaux
de chambrée donnent aux recrues l'instruction
qu'ils leur doivent sur toutes les parties du
service.

Rapports des Jeudis et Dimanches:

135. Le jeudi et le dimanche, il rend compte
à son capitaine de tout ce qui est relatif aux
chambrées, aux ordinaires, à la police et au
service de sa section; il l'informe, dans le plus
court délai, de ce qu'il aurait été forcé de
prescrire avant de connaître ses intentions;
il lui rend également compte de tout ce qui
est objet d'administration et de linge et
chaussure,

Cas d'Absence.

136. Si un officier de section ne s'absente
pas pour plus de quinze jours, ses fonctions
sont remplies par le plus ancien sergent de la
section, à moins qu'il n'y ait dans la compagnie
même un officier à la suite ou surnuméraire.
Si son absence doit durer plus de quinze jours,
et s'il n'y a point d'officier surnuméraire dans
la compagnie, il est remplacé par un officier
surnuméraire, n'importe de quelle compagnie,
ou, à défaut, par le sergent, comme il est dit
ci-dessus.

SERVICE DE SEMAINE. — *Répartition de ce Service entre les Lieutenans et Sous-Lieutenans. — Son Objet.*

137. Le lieutenant et le sous-lieutenant alternent pour le service de semaine, lors même que l'un d'eux commande la compagnie.

Les fonctions de l'officier de semaine, entièrement étrangères à l'administration, sont d'assurer l'accomplissement des devoirs des sergens et caporaux de semaine, de se faire rendre compte, par le sergent-major et par le sergent de semaine, des permissions, punitions, distributions, entrées et sorties des hôpitaux, et de veiller à ce que les punitions soient infligées avec justice.

Ce service cesse dès que la compagnie est sous les armes, les officiers devant tous être alors dans les fonctions constitutives de leur grade.

Il a lieu en campagne comme en garnison : toutefois, lorsque la situation des camps ou des bivouacs en rend la durée trop pénible, les colonels y peuvent substituer le service du jour.

Officier seul pour le Service de Semaine.

138. Quand un officier est seul pour le service de semaine, ou quand la compagnie occupe deux quartiers, on peut, sur la demande du commandant de la compagnie, insérée au rapport, permettre à cet officier de n'assister qu'à l'un des appels, de ne suivre que certains détails, et de ne se trouver qu'aux rassemblemens généraux de la compagnie. Le lieutenant-colonel

peut, s'il le juge nécessaire, proposer au colonel de dispenser, en tout ou partie, de ce
service les officiers chargés de quelque détail
particulier.

Appels. — Hommes de Service, etc.

139. Avant ou pendant la réunion des soldats
pour les appels de dix heures et demie et du soir,
l'officier de semaine est informé, par le sergent-
major et les sergens, de la rentrée des hommes
qui manquaient à l'appel précédent, de ce qui
serait survenu dans les chambrées, et en général
de tous les objets du service.

Ces appels se font devant lui. Pour celui de dix
heures et demie, les soldats sont sur trois rangs
et par ordre de section, dans la tenue prescrite.

Au signal donné à cet effet, il va rendre
l'appel à l'adjudant-major de semaine; c'est par
écrit, s'il manque quelqu'un.

A la suite de l'appel, il fait commander les
hommes de service.

Il s'assure de la bonne tenue de tous les hom-
-mes de la compagnie, et particulièrement de
celle des hommes de service que lui présente le
sergent de semaine; il corrige leur position sous
les armes. Si la tenue de quelques-uns n'est
pas régulière, il punit ou réprimande le sous-
officier qui aurait négligé de faire rectifier.

Ce n'est que d'après ses ordres que le sergent-
major fait rompre les rangs, lorsque le signal
en est donné pour toutes les compagnies. Avant

ou après l'appel, il se présente à l'officier supérieur de semaine.

Rapports.

140. L'appel de dix heures et demie terminé,
il va rendre compte au capitaine des punitions,
réclamations, permissions, accidens, pertes,
dégradations, enfin de tout ce qui s'est passé
depuis la veille. S'il est appelé aux classes d'instruction, il est autorisé à ne faire ce rapport
qu'avant ou après la parade.

Dans les cas extraordinaires, il va incontinent
rendre compte au capitaine; s'il ne le peut, il y
envoie le sergent-major, le sergent ou le caporal
de semaine.

Garde montante et Parade.

141. Il assiste à la garde montante ou parade,
et attend, pour se retirer, que le sergent ou le
fourrier lui ait fait part de l'ordre.

Lecture de l'Ordre.

142. Lorsqu'on lit ou qu'on donne un ordre,
il fait observer le silence, et réprime ceux qui le
troubleraient; il donne les explications nécessaires pour les articles qui en ont besoin, explications sur lesquelles il doit préalablement consulter l'officier supérieur ou l'adjudant-major de
semaine.

Appel du Soir.

143. Il signe le billet d'appel du soir que lui
présente le sergent-major, et rend compte de
son contenu à l'adjudant-major. Il passe dans

les chambres avec le sergent-major, pour s'assurer que l'appel se fasse avec rigidité.

Il attend les ordres qui peuvent être donnés pour le lendemain, afin d'en surveiller la transmission et l'exécution.

Rassemblement d'une partie ou de la totalité de la Compagnie.

144. Il doit se trouver et présider aux rassemblemens de plus de vingt hommes, pour l'instruction comme pour quelque espèce de service que ce soit, et en passer l'inspection.

Lorsque la compagnie se réunit, il préside à son rassemblement et à sa formation; il en fait faire l'appel; après quoi, cháque officier passe l'inspection de sa section. A l'arrivée du capitaine, l'officier de semaine lui rend compte du nombre d'hommes existant dans le rang, et des motifs pour lesquels il en aurait excepté quelques-uns de paraître.

En l'absence du capitaine, c'est l'officier le plus élevé en grade qui conduit la compagnie au rassemblement général.

Détails de Propreté le Samedi.

145. Le samedi, il se trouve au quartier, après la soupe, et préside à toutes les dispositions de détail de propreté recommandées pour ce jour-là, notamment pour faire battre les couvertures, nettoyer à fond les chambres, corridors, escaliers, etc. En été, ces détails peuvent être commencés qu'après la soupe du soir, si le colonel le prescrit.

Lecture du Code Pénal, etc.

146. Le premier samedi de chaque mois, il fait ou fait faire, en sa présence, lecture du Code pénal, ainsi que des articles du présent Règlement sur les devoirs des caporaux de chambrée et chefs d'ordinaire.

Officiers à la suite, ou Surnuméraires.

147. Les officiers à la suite, ou surnuméraires, quelle que soit leur ancienneté, prennent rang après les titulaires de leur grade : ceux-ci les commandent toujours, à grade égal, dans le service, excepté dans les détachemens formés de soldats de diverses compagnies.

Ils sont employés de préférence,

1º. A remplacer les officiers titulaires de leur grade absens;

2º. Aux divers services d'administration;

3º. Comme ordonnances près des généraux, comme porteurs d'ordres, etc.

Quelles que soient leurs fonctions dans l'intérieur du corps, ainsi qu'il va être expliqué, ils roulent avec les titulaires pour les gardes, piquets, détachemens, corvées, etc., enfin pour tout service qui ne s'effectue pas par la compagnie entière.

Le colonel à la suite ou surnuméraire, quand forcément il s'en trouve, alterne par semaine avec le lieutenant-colonel, pour ce qui est seulement du service journalier, et non pour les droits ni pour les fonctions inhérentes au grade. Il n'exerce toutes les fonctions du lieutenant-colonel que lorsqu'il le remplace pour cause d'absence.

Il commande le régiment ou la légion en l'absence du colonel titulaire ; mais il est tenu de se conformer à ses intentions, comme le lieutenant-colonel serait tenu de le faire lui-même.

Lorsqu'il n'y a point de colonel à la suite, le lieutenant colonel absent peut être remplacé par le plus ancien des lieutenans-colonels à la suite. Lorsqu'il est présent ou qu'il est remplacé par un colonel à la suite, les lieutenans-colonels roulent, comme les chefs-de-bataillon à la suite, avec les chefs-de-bataillon titulaires pour le service de semaine; mais ils ne les remplacent point dans la surveillance particulière des bataillons.

Un major à la suite peut remplacer le major absent, si l'inspecteur-général le juge à propos. Dans le cas contraire, comme lorsque le major titulaire est présent, il alterne avec les chefs-de-bataillon pour le service de semaine.

Les capitaines à la suite ou surnuméraires ne sont point attachés aux compagnies; seulement ils remplacent les capitaines titulaires absens, avec la même autorité et la même responsabilité. Dans tous les cas, ils roulent avec les titulaires pour les différens tours de service.

Les lieutenans et sous-lieutenans sont répartis dans les compagnies. Ils y remplacent en tout les officiers de leur grade absens; et si les titulaires sont présens, ils roulent avec eux pour le service de semaine.

Adjudans.

Adjudans.

Fonctions.

148. Les adjudans ont l'autorité et l'inspection immédiate sur tous les sous-officiers et caporaux, pour tout ce qui a rapport au service et à la discipline.

Ils surveillent la tenue, le caractère, la conduite privée et les progrès des sous-officiers. Ils sont aux ordres des adjudans-majors pour les seconder ; ils leur doivent des rapports sur tout ce qui est relatif au service et au bon ordre, et ne leur laissent ignorer rien de tout ce qui y serait contraire.

Police des Garnisons.

149. Dans les garnisons où il n'y a pas d'état-major de place, les adjudans secondent les adjudans-majors dans le service et la police militaire de la place. Ils doivent plus particulièrement alors prendre connaissance des auberges et autres lieux publics fréquentés habituellement par les soldats, afin de pouvoir y diriger les patrouilles et y faire la recherche de ceux qui manqueraient aux appels, ou qu'on aurait vus dans un état d'ivresse.

Étrangers au Quartier.

150. Les adjudans sont spécialement tenus

6

de connaître tous les étrangers qui entrent au quartier, d'y faire respecter ceux qui y auraient affaire, et d'empêcher qu'il y pénètre des gens sans aveu, ni des femmes de mauvaise vie.

Répartition du Service entre les Adjudans.

151. Le plus ancien est particulièrement chargé du petit-état-major ; il en fait et signe les feuilles de prêt, les bons de subsistances et autres.

Il doit surveiller la discipline, la tenue, les exercices et le service général des tambours, cornets et musiciens, ainsi que des trompettes d'éclaireurs ; il en passe l'inspection chaque fois que le régiment ou la légion se réunit.

Les adjudans alternent pour le service de semaine. Un de ceux qui restent libres est, à tour de rôle, chargé d'aider celui qui est de semaine, en tant que de besoin, et selon ce qu'en décide l'adjudant-major de semaine au rassemblement des différentes classes d'instruction et des corvées de distributions et autres. Il est, en outre, spécialement chargé de donner communication de tous les ordres aux officiers de l'état-major qui ne sont ni de service ni de semaine, excepté au major, envers qui ce devoir est rempli, autant que faire se peut, par l'adjudant de semaine.

Cas d'Absence.

152. En cas d'absence de l'un d'eux, le colonel le fait remplacer provisoirement, ou bien
il charge ceux qui restent de tout le service.

SERVICE DE SEMAINE. — *A qui l'Adjudant de Semaine*
est subordonné.

153. L'adjudant de semaine est particulièrement à la disposition de l'adjudant-major de
semaine, auquel il rend compte de l'exécution
de tous les ordres, et de tout ce qui se passe
au quartier en son absence. Dans les circonstances pressantes et imprévues, il peut faire
son rapport directement à l'officier supérieur
de semaine ou au lieutenant-colonel.

Contrôles, États, etc., pour Service.

154. En prenant le service, il reçoit de celui
qu'il relève :

1°. Le contrôle des sous-officiers et caporaux, pour commander les différens tours de service dans l'ordre indiqué
à l'art. 66 ;

2°. L'état des sous-officiers et caporaux qui entrent en
semaine avec lui ;

3°. Les livres d'ordres, consignes, etc.

Appels. — Gardes. — Réunions du Corps, etc.

155. Il doit se trouver aux appels, au rassemblement de la garde, au départ de détachemens,
et aux réunions entières ou partielles du corps.

Il ne peut se dispenser d'aucune partie de

son service sans la permission expresse de l'adjudant-major de semaine.

Service de la Place. — Livres d'Ordres.

165. C'est lui qui est chargé de régler le service avec l'état-major de la place, et qui n
y écrire l'ordre. Si quelque disposition est de
nature à être exécutée sans aucun retard, il
fait battre à l'ordre pour cet effet, à son
retour au quartier, et s'empresse d'en informer
le chef-de-bataillon et l'adjudant-major de semaine ; ainsi que le capitaine de semaine, si
l'objet le concerne.

Il tient deux livres d'ordres : l'un pour enregistrer les ordres qui émanent de la place
et des généraux commandans ; l'autre pour ceux
du régiment ou de la légion.

Exemptions d'Appel du Soir.

157. Il contresigne les permissions d'appel du
soir et en tient note, à l'effet de vérifier le
rapport que le sergent de garde fait des hommes
rentrés.

Autorité sur les Sous-Officiers de Semaine, les Gardes, etc.

158. Les adjudans, et particulièrement celui
de semaine, ont autorité sur les sous-officiers de planton, sur les sergens et caporaux
de semaine, sur la garde de police, le tambour de garde, enfin, sur les gardes et pi-

quets pour le maintien de l'ordre dans les lieux publics , lorsque ces gardes et piquets ne sont commandés que par des sous-officiers , et qu'il n'y a point d'état-major de place.

Batteries et Sonneries.

159. L'adjudant de semaine est le premier responsable de la ponctualité des batteries pour le service ordinaire et extraordinaire , lors même qu'il se fait suppléer à cet égard par le sergent de garde au quartier.

Les batteries pour le service journalier sont :

Le réveil. . . . . { à 7 heures depuis le 1er. octobre jusqu'au 1er. avril ; à 6 heures pendant les six autres mois.

La corvée de propreté. { à 7 heures et demie depuis le 1er. octob. jusqu'au 1er. avril; à 6 heures et demie pendant les six autres mois ;

Le rassemblement des tambours. . . . } à 8 heures et demie ;

L'assemblée. . . . . à 9 heures ;

L'inspection des sergens de semaine dans les chambres. . . } à 9 heures et demie ;

La soupe. . . . . à 10 heures ;

L'appel. . . . . à 10 heures et demie ;

Le rappel pour le rassemblement de la garde. . . . . } à 11 heures un quart ;

A l'ordre. . . . . . après la garde montée ;

Le souper du soir. . { à 4 heures depuis le 1er. octob. jusqu'au 1er. avril ; à 5 heures pendant les six autres mois ;

Le rassemblement des tambours. . . . . } un quart d'heure avant la retraite ;

La retraite. . . . . à l'heure ordonnée.

L'appel. . . . . . { une demi-heure après la retraite ;

Pour éteindre les feux. une heure après l'appel ;

Les corvées. . . . . { aux heures indiquées par l'adjudant-major à la parade ;

La distribution sans distinction. . . . { aux heures indiquées par l'adjudant-major à la parade ;

Et enfin toutes les batteries pour l'appel des consignés, le rassemblement des sous-officiers, ou pour des circonstances extraordinaires.

Quand le climat ou le service exige des changemens dans les heures des batteries pour le réveil et les gardes, on se conforme à ce qui est prescrit à cet égard par l'ordonnance sur le service des places.

Les cornets de voltigeurs ont, en détachement, des sonneries analogues. Celles des trompettes de la compagnie d'éclaireurs sont les mêmes que dans la cavalerie.

Rapports.

160. Vers huit heures du matin, l'adjudant

de semaine reçoit le rapport de tous les postes, quand le régiment ou la légion est dans une garnison où il n'y a point d'état-major de place ; celui de la garde de police lui est remis, en tout tems, par le sous-officier qui la commande ; il arrête le registre-journal de ce poste.

A huit heures et demie, il se rend au lieu indiqué pour le rapport général. Il réunit les rapports particuliers des compagnies, ét en forme le rapport général, au bas duquel il met sa signature ; après quoi il accompagne l'officier supérieur de semaine chez le lieutenant-colonel.

Il remet au major un double de cette feuille de rapport, à la parade, si elle est générale, ou il la lui porte après la parade, et lui donne, en même tems, connaissance des décisions prises sur le rapport , etc.

Garde montante et Parade.

161. Il rassemble la garde , désigne les postes, et place , à la gauche, les ordonnances et plantons.

Il rassemble ensuite les sergens-majors, les sergens et caporaux de semaine , et les forme sur trois rangs , savoir : les sergens-majors au premier, les sergens au second, les caporaux au troisième, dans l'ordre des bataillons et compagnies.

Quand c'est lui qui conduit la garde sur la

place d'armes, le plus ancien sergent-major marche à la tête des sous-officiers.

L'adjudant de semaine va, à défaut de l'adjudant-major, recevoir l'ordre au cercle général.

Il se conforme, pour tout le reste, aux dispositions des articles 26 et 69.

Ordre du Jour.

162. Aussitôt que possible après la parade, il dicte l'ordre aux fourriers; il signe leur livre les jours où il n'y a rien de nouveau.

Appel du Soir.

163. Les sergens-majors lui remettent les billets de rapport d'appel du soir; il en fait un relevé général qu'il porte chez le colonel, après que l'adjudant-major l'a signé; il en fait un double pour le lieutenant-colonel, et un sommaire pour le lieutenant de Roi.

Devoirs après la Retraite.

164. Une heure après l'appel, il fait la visite des corridors. Il s'assure que le commandant de la garde de police exécute l'article de sa consigne sur les lumières à éteindre.

Il répond de la tranquillité du quartier, particulièrement pendant la nuit.

Quand l'adjudant-major vient faire des contre-appels, il l'accompagne. Les contre-appels sont ou généraux ou particuliers à telle compagnie, telle section ou telle chambrée. L'adjudant en fait lui-même quand il a lieu de présumer qu'il y a de faux rapports d'appel, ou que quelques hommes sont sortis du quartier après la retraite, qu'il s'y trouve des personnes qui ne doivent pas y être, ou enfin lorsqu'il en a quelque autre motif. Il en rend compte, le lendemain, à l'adjudant-major de semaine, dont il prend toutefois préalablement, et autant que possible, les ordres à cet égard.

Propreté du Quartier.

165. Il oblige, chaque jour, les caporaux de semaine et le sergent de garde à faire exécuter ce qui concerne la propreté du quartier.

Il veille à l'exécution des ordres que donne l'officier chargé des détails du casernement.

Détenus.

166. Il surveille la nourriture des hommes détenus à la salle de police, à la prison ou au cachot, pour que les punitions soient régulièrement observées, et que, d'un autre côté, elles ne soient pas aggravées par la privation d'une partie des alimens qui sont accordés.

Il s'assure que les prisonniers soient rasés au moins une fois par semaine.

Il fait informer les sergens-majors de leur sortie, pour cause de santé ou par ordre spécial du colonel.

Surveillance sur les Sous-Officiers de Semaine et les hommes consignés.

167. Il fait battre à l'ordre pour s'assurer de la présence des sous-officiers et caporaux de semaine. Il fait de fréquens appels des consignés; il en met la liste au corps-de-garde.

Visite des Officiers supérieurs au Quartier.

168. Quand le colonel ou le lieutenant-colonel est au quartier, il doit l'accompagner partout, en l'absence de l'adjudant-major de semaine. Il en est de même à l'égard des autres officiers supérieurs, lorsqu'ils croient avoir besoin de lui.

Service des Compagnies d'Artillerie et d'Éclaireurs.

169. Il concourt, sous la direction de l'adjudant-major de semaine, à la surveillance du service des compagnies d'artillerie et d'éclaireurs, conformément aux dispositions des articles 19 et 75.

Sergent-Major.

Devoirs généraux.

170. Le sergent-major surveille, dans sa compagnie, les sergens, le caporal-fourrier, les caporaux, et il les commande pour tout ce qui est relatif au service, à la police, à la tenue, à la discipline, à l'instruction et au compte du prêt. Il est responsable de l'exécution de ces

différens détails envers tous les officiers de la compagnie; il l'est en outre, envers le capitaine seulement, des fonds et des détails d'administration, sans pouvoir toutefois gêner en rien les droits des officiers de section à cet égard. Le fourrier est à sa disposition pour toutes les écritures.

Un de ses soins les plus essentiels est de s'appliquer à bien connaître la conduite, les mœurs et la capacité de tous les sous-officiers, caporaux et soldats de la compagnie, pour être à portée d'éclairer l'opinion de son capitaine sur chacun d'eux, et de n'agir lui-même envers eux qu'avec les ménagemens ou la sévérité que comportent leur caractère et leurs habitudes.

Vérification des Effets à son Entrée en fonctions.

171. Il doit, en entrant en fonctions, vérifier si les effets de toute nature, existant dans la compagnie, cadrent avec les registres et les livrets; il en est responsable dès l'instant où cette vérification a eu lieu.

Prêt.

172. Tous les cinq jours, il touche le prêt, sur une feuille signée de lui et du capitaine; il l'inscrit sur le registre à ce destiné; il le distribue, sans retard, aux sous-officiers ainsi qu'aux caporaux, qui lui présentent les cahiers d'ordinaire, sur lesquels il le porte avec tous les autres

produits, tels que retenues sur les travailleurs, sur les prisonniers, gratifications, etc.; s'il a des retenues à faire aux ordinaires, il les inscrit également.

Registre de la Compagnie.

173. Il doit régulièrement porter ou faire porter par son fourrier, sur le registre de la compagnie, les mutations d'entrée et de sortie des hôpitaux, des morts, des recrues, des prisonniers de guerre, des détachés, des congédiés, des convalescens, etc. Il y porte encore les prises de pain, les réceptions d'habillement, d'équipement, d'armement, de linge et chaussure et de petit équipement.

Il tient un cahier particulier pour les réparations, un pour les punitions, un pour les petits congés, un pour le service payé des travailleurs et autres, enfin un pour les lettres chargées et les fonds déposés entre ses mains par le vaguemestre.

Feuilles d'Appel, de Linge et Chaussure, d'Habillement, etc.

174. Le premier jour de chaque trimestre, il établit la feuille d'appel, en y portant les noms et les grades des officiers et des hommes composant la compagnie, dans l'ordre où ils sont au contrôle annuel dont il relate les numéros; il la remet au capitaine, et y inscrit chaque jour, chez lui, au rapport du matin,

les mutations survenues pendant les vingt-quatre heures , ensorte qu'à la fin du trimestre , il ne reste plus qu'à y remplir les colonnes des journées et les décomptes.

Tous les mois , il fait la feuille d'appel d'effectif.

Tous les trois mois , il renouvelle les états d'habillement , de linge et chaussure , de petit équipement , et établit les relevés généraux des bons délivrés aux maîtres ouvriers.

Effets à recevoir ou à réparer.

175. C'est à lui de faire et d'enregistrer tous les bons pour les objets à recevoir ou à réparer, et de les présenter à la signature du capitaine , après toutefois que les officiers de section ont visé ceux qui les concernent.

Il fait conduire, par le caporal de chambrée, chez l'officier d'habillement , les hommes qui ont des objets à réparer , et chez les maîtres ouvriers , ceux dont les effets n'exigent que des réparations d'abonnement.

Effets délivrés aux Soldats.

176. Il inscrit régulièrement sur le registre de la compagnie, et en même tems sur les livrets des hommes, en leur présence, les effets qui leur sont délivrés tant sur leur masse de linge et chaussure qu'au compte du corps.

Il ne garde jamais les livrets pardevers lui.

Tous les trois mois, ils sont vérifiés et arrêtés par le capitaine, en présence du soldat.

Effets des Recrues.

177. A mesure que les recrues reçoivent des effets militaires, il leur retire les habillemens bourgeois correspondans, à l'exception d'un gilet, qu'ils peuvent porter étant en tenue de corvée, en gilet à manche ou en capote; et pour que ces recrues puissent se servir de leurs effets bourgeois, si, avant d'être complètement habillés, ils obtiennent quelques permissions d'absence, le sergent-major les leur conserve jusqu'à ce qu'ils aient tout leur uniforme; après quoi il les oblige à s'en défaire, en présence d'un sous-officier.

Effets des Hommes aux Hôpitaux, en Congé ou Rayés des Contrôles.

178. Les effets des hommes partant pour les hôpitaux, soit du lieu, soit externes, ou pour un congé au-delà d'un mois, doivent de suite, et par ses soins, être portés au magasin d'habillement. Chaque paquet a une étiquette indiquant la compagnie et le nom de l'homme. Le sergent-major reçoit, signé de l'officier d'habillement, le double de l'état détaillé des effets qu'il dépose.

Il inscrit sur le billet d'hôpital, congé ou permission dont est porteur tout homme qui s'absente, le nombre, l'espèce et la qualité des effets militaires qu'il emporte ou qu'il laisse.

Immédiatement après la connaissance de l'événement, il remet à son capitaine, pour être arrêté, le livret de l'homme rayé des contrôles. Il rend définitivement, au magasin-général, dans les quarante-huit heures, les effets des réformés, des condamnés, des déserteurs ou des morts, et en présente le livret à l'appui.

États, Listes et Placards à afficher.

179. Il fait dresser, par le fourrier, une liste, qui doit être fixée à la porte de chaque chambrée, indiquant le numéro du bataillon et de la compagnie, le nom du capitaine, celui de l'officier de la section, celui du sergent de la subdivision, et ceux des caporaux et soldats de la chambrée. Sur la porte de la chambre qu'il occupe lui même, il affiche le nom des officiers de la compagnie, avec l'indication de leurs logemens ; et, plus bas, son nom et celui du fourrier. Ceux des sergens sont aussi apposés sur la porte de leurs chambres.

Il fait également afficher, en-dedans des chambres, les devoirs des caporaux de chambrée, ainsi que l'état des objets de casernement, qui doit être signé du fourrier et du caporal.

Malades à la Chambre.

180. Si les caporaux le préviennent qu'il y

a quelque malade à la chambre, il fait remettre, aussitôt après l'appel du matin, au
corps-de-garde de police, pour le chirurgien-
major, un billet indiquant la chambre et le nom
du malade. Il le fait avertir incontinent, si le
cas l'exige.

Demandes au Rapport, etc.

181. C'est à lui que s'adressent les sergens,
les fourriers, les caporaux et soldats, pour obtenir ce qu'ils ont à demander par la voie du
rapport du matin ; dans les autres cas, ils s'a-
dressent à leurs officiers de section.

Rapports.

182. A huit heures du matin, le sergent-
major se rend chez le capitaine et lui présente
la feuille de rapport et de mutations des 24
heures, que le fourrier a déjà communiquée
au trésorier ; le capitaine y ajoute ses observations et la signe. Le sergent-major présente en
même tems à sa vérification et à sa signature le
relevé des mutations qui doit être porté, dans la
matinée, au major, par le fourrier, conformément aux articles 33, 105 et 215.

A huit heures et demie, il se rend au rapport général.

*Comptes qu'il doit au Major, à divers Officiers, et aux
Adjudans.*

183. Il est tenu de donner, verbalement ou
par

par écrit, tous les renseignemens qui lui sont demandés par le major, le trésorier, les officiers de détail et les adjudans.

Il rend à l'officier de semaine un compte verbal de tout ce qui se passe dans la compagnie, concernant le service, la police et la discipline; et de même aux officiers de section, en ce qui concerne les parties d'administration auxquelles ils sont tenus de prendre part.

Appels.

184. Il fait lui-même l'appel de dix heures et demie; il ne fait rompre les rangs que sur l'ordre de l'officier de semaine, et après que le tambour en a donné le signal. Il doit à l'adjudant un compte verbal de cet appel et de celui du matin.

Il passe dans les chambres pour faire faire devant lui celui du soir; il en remet à l'adjudant le billet signé de l'officier de semaine.

Quand cet officier ne se trouve pas à un appel, ses fonctions y sont remplies par le sergent-major.

Garde montante et Ordre.

185. Il assiste à la parade ou garde montante, et va rendre au capitaine l'ordre qu'il a reçu de l'adjudant, au cercle du régiment ou de la légion; le sergent de semaine,

7

ou le fourrier, le porte aux autres officiers présens ou non.

Il lit l'ordre du jour à l'appel de dix heures et demie, et y commande les divers services sur les contrôles prescrits par l'article 95.

Prix des Remplacemens pour le Service.

186. Il veille à ce qu'il ne soit jamais payé au-delà des prix ci-après pour le remplacement de service, savoir :

Pour une garde.... 75 c.	Pour une ordonnance qui rentre le soir.. 50 c.
Pour un piquet de 24 heures........ 75 c.	Pour toute corvée ordinaire....... 25 c.
Pour une ordonnance qui découche.... 75 c.	Pour une soupe.... 25 c.

Cas d'Empéchement ou d'Absence.

187. Lorsque le travail de la comptabilité ou des motifs urgens et personnels l'empêchent de faire les appels, il y est remplacé par le sergent de semaine, auquel il remet, à cet effet, les contrôles et les renseignemens nécessaires pour commander le service. Il en rend compte préalablement à l'officier de semaine.

En cas d'absence, il est remplacé par le plus ancien sergent de la compagnie, ou par un autre, au choix du capitaine, sous l'approbation du colonel.

Sergens.

Fonctions générales. — Instruction indispensable.

188. Les sergens surveillent les caporaux et soldats en tout ce qui est relatif aux devoirs que les uns et les autres ont à remplir ; ils sont responsables envers le sergent-major et l'officier de section.

Ils doivent être en état d'enseigner l'école du soldat et de commander, au besoin, un peloton ; ils doivent posséder la théorie du service de place et de campagne, en ce qui les concerne, connaître les règlemens et l'ordre habituel du service, de la police et de la discipline intérieure du corps, et savoir suffisamment écrire pour faire eux-mêmes leurs rapports.

Répartition du Service.

189. Leurs fonctions se divisent en celles de sergens de subdivision et celles de sergens de semaine. Ils alternent, par compagnie, pour le service de semaine, et roulent entre eux, dans le régiment ou la légion, pour celui des gardes, détachemens, plantons et corvées, sauf ceux qu'un ordre spécial exempterait pour cause d'occupations utiles et particulières.

Inspection.

190. L'inspection des sergens, pour le ser-

vice armé, doit toujours avoir lieu dans les chambrées, et assez tôt pour donner aux soldats le tems de faire les préparatifs et les changemens nécessaires, avant celle des officiers de semaine.

Quand il s'agit de classes d'instruction, et de corvées, leur inspection a lieu sur le terrain, au moment du rassemblement.

SERGENT DE SUBDIVISION. — *Fonctions.*

191. Le sergent de subdivision dirige, sous l'autorité de l'officier qui commande la section, tous les détails intérieurs des chambrées ; il surveille la conservation et la tenue des effets.

Il appuie les caporaux de son autorité, et les habitue à commander avec fermeté et à se faire obéir.

Contrôles.

192. Il tient un contrôle des hommes de la subdivision, et des effets d'habillement, d'armement et d'équipement y existans.

Affiches, Étiquettes et Effets dans les Chambrées.

193. La conservation et le remplacement des affiches et étiquettes dans l'intérieur des chambres sont confiés à sa surveillance, ainsi que le maintien de l'ordre établi pour l'arrangement des effets.

Emploi du Prêt.

194. Il veille attentivement à l'emploi que les caporaux font du prêt, et vérifie souvent, chez les marchands, les prix et qualités des achats de toute espèce.

Armes et Buffleterie.

195. Il veille avec une attention particulière à la propreté des armes et de la buffleterie.

Soins de Propreté le Samedi.

196. Le samedi, il fait battre, avec un martinet, toutes les pièces d'habillement et d'équipement. Il les fait étaler sur les lits pour l'inspection que l'officier de section doit en passer.

Linge changé et réparé. — Coupe des cheveux, etc.

197. Il exige que, le dimanche, les caporaux et les soldats changent de linge et fassent réparer celui qui a besoin de l'être; que leurs cheveux soient taillés tous les deux mois en été, et tous les trois mois en hiver; que ceux des recrues soient coupés uniformément; que les caporaux et les soldats soient rasés aussi souvent qu'il est nécessaire, et que les détenus et les hommes aux hôpitaux le soient au moins une fois par semaine par le frater de la compagnie.

Rassemblement de la Compagnie.

198. Toutes les fois que la compagnie doit

s'assembler, il se rend de bonne heure dans les chambrées de sa subdivision, veille à ce qu'elle s'apprête, et la réunit à l'heure prescrite; il porte surtout son attention et appelle celle des caporaux sur les détails de tenue qui ne sont point apparens, tels que le linge de corps, la chaussure, les cols, etc.

Comptes à rendre. — Réparations.

199. C'est au quartier, et verbalement, qu'il fait ses rapports, a l'officier de section et au sergent-major.

Il doit informer cet officier des mutations journalières, des pertes et dégradations d'effets, et des réparations à faire. Ce n'est que d'après ses ordres qu'il demande les bons nécessaires au sergent-major.

Cas d'Absence.

200. Quand un des deux sergens est absent, celui qui reste a l'inspection des deux subdivisions. Le capitaine peut, au besoin, faire remplacer l'absent par le plus ancien caporal de la subdivision.

Service de Semaine. — *Les Sergens roulent entre eux pour ce Service.*

201. Quand la compagnie est réunie, tous les sergens roulent entre eux pour le service de semaine.

Lorsqu'elle occupe deux quartiers ou cantonnemens, ils alternent par section, pour qu'il y en ait un de semaine dans chacune d'elles.

Le Sergent de Semaine aux Ordres de l'Officier de Semaine.

202. Le sergent de semaine est particulièrement aux ordres de l'officier de semaine, et concourt, sous l'autorité de ce dernier, à l'exécution des détails de police et de discipline; il lui fait des rapports verbaux, ainsi qu'au sergent-major, qu'il aide et supplée dans le service journalier.

Appels.

203. Il assiste à tous les appels ; il les fait lorsque le sergent-major ne s'y trouve pas.

Rassemblement des Classes d'Instruction et des Corvées.

204. Il fait rassembler, par le caporal de semaine, les hommes commandés pour les différentes classes d'instruction, et en passe l'inspection : le caporal conduit les hommes de la première classe au rendez-vous général, le sergent conduit les autres.

Il aide également à la réunion des hommes de corvée.

Inspection des Hommes de Service.

205. Aux heures fixées, il présente à l'inspection de l'officier de semaine les hommes de service, de détachement, etc.; mais auparavant il doit passer dans les chambres pour s'assurer

qu'ils se mettent dans la tenue prescrite, et qu'ils soient prêts à l'heure ordonnée ; il se fait aider par le caporal de chambrée, auquel il indique ce que doivent faire les soldats.

Garde montante et Parade.

206. Il se trouve à la garde montante ou parade, et doit faire part aux officiers de sa compagnie de tous les ordres verbaux qui y sont donnés, ainsi que de ceux qui le sont pendant les vingt-quatre heures.

Surveillance journalière pour la Propreté du Quartier.

207. Il veille à ce que les caporaux ne négligent pas de faire balayer les corridors et les escaliers, et il ne souffre pas qu'on fasse ou qu'on jette des ordures sous les fenêtres, ni dans les lieux de passage.

Travaux de Propreté le Samedi.

208. Le samedi il dirige les travaux de propreté qui ont pour objet le balayage des corridors et des escaliers, le nettoyage des couvertures, etc.

Cas où il serait forcé de s'absenter.

209. Il ne doit jamais se dispenser d'aucun de ses devoirs sans en avoir obtenu la permission de l'officier de semaine, ce dont il doit informer le caporal et l'adjudant de semaine ; il est également obligé de prévenir ces deux derniers, lorsque, dans le cours de la semaine, il est forcé

de s'absenter du quartier; mais il ne peut s'en éloigner dans aucun cas après l'appel du soir.

210. Le sergent de planton ou d'ordonnance doit être dans une tenue régulière, ne pas quitter son poste qu'il n'en ait la permission expresse ; il doit porter promptement les dépêches dont il est chargé, revenir aussitôt rendre compte de sa mission, et remettre les reçus.

Il se tient debout dès que la personne près de laquelle il est de service, ou tout autre officier, paraît devant lui.

Planton à l'Hôpital.

211. Le sergent de planton aux hôpitaux militaires doit assurer la police intérieure des salles des malades, examiner si la viande est de bonne qualité, s'il en est employé le poids prescrit en raison du nombre des malades.

Il doit rendre compte de ses observations à l'officier de visite d'hôpital, au chirurgien-major du corps et à l'intendant ou sous-intendant militaire, lorsqu'ils paraissent ; il les accompagne pendant leur tournée.

Il doit suivre encore dans sa visite tout officier général, supérieur, ou autre, et être en état de répondre à toutes les questions qui peuvent lui être faites sur la police et le régime de l'hospice.

Caporal-Fourrier.

Fonctions générales.

212. Le caporal-fourrier est aux ordres immédiats du sergent-major, tient, sous sa direction, tous les registres, et lui fournit toutes les écritures et tous les états relatifs au détail de la compagnie.

Il peut remplacer le sergent-major pour les réceptions et distributions d'effets d'habillement et d'armement.

Corvées et Distributions.

213. Il prévient le caporal de semaine pour les corvées générales, et les chefs d'ordinaire pour les corvees de subsistance, en leur indiquant le nombre d'hommes à fournir ; il aide à leur rassemblement, il reçoit les distributions, et est responsable de toute erreur ou mécompte.

Il délivre le tout aux hommes de corvée, et, de retour au quartier, il distribue à chaque chef d'ordinaire ce qui lui revient.

Livre d'Ordres.

214. Il tient le livre d'ordres et le communique, dès qu'il y en a de nouveaux, aux officiers de la compagnie, dont la signature justifie qu'il le leur a présenté ; il leur transmet également, à défaut de sergent de semaine,

les ordres donnés à la parade, ou extraordinairement dans la journée.

Rapport journalier.

215. Muni du billet de rapport journalier,
contenant le compte explicatif du mouvement
des vingt-quatre heures, il se rend tous les
matins, à sept heures, chez le trésorier qui,
après en avoir vérifié l'exactitude, prend note
des mutations. Il rapporte aussitôt au sergent-
major ce billet de rapport ainsi verifié.

Il lui remet en même temps le relevé des
mutations pour être présenté à la signature du
capitaine, et le porte ensuite, dans la matinée,
au major.

Appels. — Instruction.

216. Il est obligé de se trouver aux appels,
et de suivre toutes les classes d'instruction auxquelles le capitaine juge à propos de l'assujettir.

Casernement.

217. Les détails du casernement sont particulièrement des attributions de son grade.

Il tient de toutes les fournitures de lit et autres
de la compagnie, un cahier particulier où les
qualités sont distinguées, afin de faire remplacer
et réparer, au compte de qui de droit, et dans
le plus bref délai, toutes pertes ou dégradations; le capitaine et l'officier chargé du ca-

sernement arrêtent ce cahier le premier de chaque mois.

Cas d'Absence.

218. En l'absence du caporal-fourrier , le sergent-major se fait aider , pour les écritures, par un caporal en état de les tenir , ou , à défaut , par un soldat que le capitaine exempte de service et de corvées ; le sergent-major doit alors tenir par lui-même tous les registres , et fournir tous les états nécessaires au détail de la compagnie.

Quand le fourrier est suppléé , pour les écritures , par un soldat , il l'est , pour les distributions , par un sergent que le capitaine propose à cet effet au major.

Caporaux.

Devoirs généraux.

219. Les caporaux doivent donner l'exemple de la bonne conduite et de l'exactitude la plus scrupuleuse à remplir leurs devoirs.

Ils surveillent les soldats indistinctement, en tout ce qui tient à la tranquillité et à l'honnêteté publique.

Ils répondent plus particulièrement de leur escouade , et de l'observation de ce qui est relatif au service , à la tenue , à la police et à la discipline.

Ils doivent savoir commander l'école du sol-

dat , pouvoir pratiquer eux-mêmes celle de peloton , et connaître le service des places pour
tout ce qui les concerne.

Ils enseignent aux recrues de leur chambrée
à plier leurs effets et à les placer dans le sac;
ils les forment au détail du service intérieur
de la chambrée ; ils les accoutument à tenir
dans la plus exacte propreté toutes les parties
de leur habillement, équipement et armement ;
à connaître et à démonter toutes les parties
du fusil.

Ils leur apprennent qu'on doit , en toute circonstance, donner des marques de déférence
et de respect à ses supérieurs; les prévenir par
le salut d'usage ; porter, en passant auprès
d'eux , en les abordant ou en leur parlant,
la main au schakos, ou se découvrir, si l'on
est en chapeau ou en bonnet de police; se lever ,
si l'on est assis, lorsqu'ils passent ; enfin, qu'au
théâtre ou en tout autre lieu public , on doit,
si l'on n'y est pas de service , se découvrir comme
tous les autres spectateurs , quelque coiffure
qu'on ait.

Alternent pour le Service.

220. Ils alternent dans chaque compagnie
pour le service de semaine, excepté celui qui
remplirait les fonctions de sergent, ce qui ne
le dispenserait pas de ses devoirs comme chef
de chambrée et d'ordinaire. Ils roulent sur tout

le régiment ou la légion pour les gardes, détachemens, etc.

Sont Exempts de Corvées.

221. Ils sont exempts de toute corvée, même
de celle de la soupe.

Cas où il y a deux Caporaux dans une même Chambrée.

222. Lorsqu'il y a deux caporaux dans la même
chambrée, le plus ancien est chargé de la police;
il est en même tems chef de l'ordinaire, sauf
le cas prévu par l'article 96. Le moins ancien
doit cependant concourir au maintien de la
police, en empêchant tout ce qui y serait
contraire.

CAPORAL DE CHAMBRÉE. — *Logement.*

223. Le caporal loge avec les hommes de son
escouade; il choisit, ainsi que les soldats, son
camarade de lit, sous l'approbation de l'officier
de section.

Effets de Casernement.

224. Tout caporal, en prenant une chambrée,
doit reconnaître, avec le fourrier, le nombre,
l'espèce et la qualité des objets de casernement
qu'elle contient, afin d'en établir l'état détaillé,
et de n'être responsable qu'autant qu'il doit
l'être.

Devoirs généraux. — Cas d'Absence.

225. Il se conforme à tout ce qui est pres-

crit par l'article 219 ci-dessus, et réprime tout
ce qui se dit ou se fait contre le bon ordre.
En son absence, et à défaut de caporal, son
autorité et sa responsabilité passent au plus
ancien soldat.

Malades à la Chambre.

226. S'il y a quelque malade à la chambre,
il en informe, à l'appel du matin, le sergent-
major, qui en fait avertir le chirurgien-major
par un billet déposé au corps-de-garde de police. Dans un cas grave, il va lui-même chercher le chirurgien-major; et, si c'est pendant
la nuit, il en prévient le sergent de garde,
qui est tenu de l'envoyer appeler par un des
hommes de service.

Devoirs au Lever.

227. Il veille à ce que le cuisinier se lève
assez tôt pour que la soupe puisse être mangée
à l'heure prescrite.

Au roulement du réveil, il fait lever les
hommes de sa chambrée, en fait l'appel, s'assure que la soupe se prépare, fait découvrir
les lits, plier les capotes, s'il a été permis de
s'en servir, et, à moins que la pluie ne s'y
oppose absolument, il fait ouvrir les fenêtres,
qui ne doivent être fermées que quand la
chambre et les lits ont été bien aérés.

Il rend compte au sergent-major de l'appel

et de l'heure à laquelle sont rentrés les hommes qui, par permission ou autrement, n'étaient pas à l'appel du soir.

Soins de propreté. — Soupe. — Hommes de service, etc.

228. Il veille à ce que les soldats, surtout les recrues, se peignent ou se brossent la tête, se lavent le visage et les mains. Ensuite il fait faire les lits, il fait mettre tous les effets dans l'état de propreté et d'arrangement prescrit, balayer la chambre, même sous les lits, nettoyer les tables et ustensiles de cuisine, et déposer toutes les ordures dans le corridor, d'où elles doivent être enlevées par les soins du caporal de semaine. Dans la chambre où se fait l'ordinaire, c'est le cuisinier qui est chargé de cette corvée ; dans les autres, elle est faite par les soldats, à tour de rôle. Le caporal de chambrée veille en même tems à ce que les hommes qui doivent être de service mettent dans le meilleur état possible toutes les parties de leur armement, habillement et équipement, et à ce que ceux qui veulent sortir soient dans une tenue exacte.

Dès qu'on a mangé la soupe, il fait de nouveau balayer, nettoyer les tables et ustensiles de cuisine, et enlever les ordures.

Il fait préparer, pour les heures prescrites,

les

les hommes désignés pour les différens services et pour les classes d'instruction.

Il se fait rendre et il remet au sergent-major
les cartouches et balles des hommes rentrant de
service.

Police de la Chambrée.

229. Il fait cesser tous les jeux qui pourraient
occasionner des querelles ou être contraires au
bon ordre. Il fait coucher les hommes ivres; et,
dans le cas où ils troubleraient la chambrée, il
les conduit à la salle de police.

Il ne permet pas que l'on fume au lit, que
l'on batte les habits dans les chambres, que l'on
se serve des draps ou couvertures pour s'essuyer;
que, sous aucun prétexte, on retire de la paille
des paillasses; que les soldats nettoient leurs
armes sur les lits, ni qu'ils s'y couchent avec leurs
souliers.

Rapports.

230. Il rend compte au sergent de semaine,
à celui de sa subdivision et au sergent-major
des punitions qu'il a été dans le cas d'infliger.
Il doit, de plus, des rapports détaillés au sergent
de subdivision, lorsque celui-ci fait sa tournée.

En cas d'événement imprévu, comme désertion, duel, vol, etc., il en informe sur-le-champ
le sergent de subdivision, ou celui de semaine,
ou le sergent-major.

8

Surveillance sur les Effets après le Service.

231. Lorsque les soldats sont rentrés d'un service quelconque, il examine s'ils rapportent tous leurs effets ; il les leur fait remettre dans le plus grand état de propreté, et replacer dans l'ordre accoutumé.

Effets et Armes des Travailleurs.

232. Il exige que les effets d'armement et d'équipement des travailleurs soient bien entretenus par les hommes qui en sont chargés.

Effets des Déserteurs.

233. Comme il est responsable de ce que laissent les déserteurs, dès qu'il est certain ou même qu'il soupçonne qu'un homme de la chambrée a disparu, il fait porter ses effets chez le sergent-major.

Effets prêtés. — Visite des Sacs.

234. Il s'oppose à ce que les soldats se prêtent leurs effets d'habillement et d'armement, à moins d'une autorisation du sergent-major.

Il peut faire, mais toujours en présence d'un soldat, la visite d'un ou plusieurs sacs, toutes les fois que quelque motif la lui fait juger nécessaire : par exemple, s'il soupçonnait un homme d'avoir vendu des effets de linge et chaussure, ou de petit équipement, ou d'en recéler de perdus ou volés. Il prévient le sergent de sa subdi-

vision , qui est tenu d'assister à cette visite,
autant que possible.

Nettoyage des Vitres.

235. Tous les mois , il fait nettoyer les vitres
en dehors et en dedans.

Appel du Soir. — Coiffure de Nuit.

236. Il fait l'appel du soir à haute voix, en
présence du sergent-major , lorsqu'il passe dans
les chambres.

Il empêche les soldats de se servir de leurs
bonnets de police pour la nuit ; ils doivent avoir
un serre-tête ou un bonnet de coton.

Cruches remplies.—Lumières éteintes.—Sorties après l'Appel.

237. Il voit si le cuisinier a rempli les cruches
d'eau pour la nuit ; il lui fait éteindre le feu et
les lumières, à la batterie qui en donne le signal.

Il veille à ce que personne ne sorte après
l'appel du soir; et si quelqu'un trompe sa surveillance à cet égard , il en rend compte sur-le-
champ au sergent-major.

Visites d'Officiers.

238. Quand un officier entre dans une
chambre, les soldats se lèvent, se découvrent s'ils
sont en bonnet de police, gardent le silence et
l'immobilité ; si c'est un officier supérieur , ils
se placent au pied de leurs lits. Le caporal veille
à ce que cela s'exécute , et suit l'officier pour
recevoir ses observations et ses ordres.

Tenue des chambres.

239. Lorsque les localités le permettent, les chambres sont tenues et arrangées ainsi qu'il suit :

Écriteaux.

Le nom de chaque soldat est inscrit à la tête du lit qu'il occupe, et à la place la plus apparente; il l'est aussi au-dessus des fusils, sabres, gibernes, etc.

Sac.

Le sac de chaque homme est placé sur la première planche de son lit ; il est toujours fait et fermé de manière à pouvoir être chargé, et contient tous les effets, sauf ce qui est d'un usage habituel.

Capotes.

Les capotes, pliées suivant la manière établie, sont posées sur la même planche.

Habits.

Les habits et vestes pliés en deux, la doublure en dehors, sont posés sur la même planche, au-dessous du sac.

Coiffure.

Les bonnets à poil ou schakos, dans leur étui étiqueté, sont sur la planche supérieure.

Armes à feu.

Les fusils sont placés à un ratelier d'armes, le chien abattu et garni de sa pierre de bois.

Gibernes. — Sabres. — Baïonnettes.

Les gibernes sont suspendues, par les banderoles, à des chevilles établies à cet effet ; les sabres sont également suspendus par leurs ceinturons ; la baïonnette dans le fourreau attaché à la giberne.

Souliers.

Les souliers sont accrochés, la semelle en dehors, après avoir été nettoyés, à des clous placés au-dessus du chevet, dans les supports du rayon supérieur.

Petits Ustensiles.

Les petits ustensiles nécessaires à la tenue doivent être rangés, aussitôt après qu'on s'en est servi, dans les poches de dessus du havresac.

Linge sale.

Le linge sale se renferme dans les poches du havresac, et l'on doit éviter qu'il soit placé entre la paillasse et le matelas.

Linge mouillé.

A moins de nécessité absolue, il ne doit pas être étendu de linge dans les chambres pour le faire sécher.

Livret d'Ordinaire.

Le livret d'ordinaire doit être attaché à un clou fixé sur la cheminée.

Ustensiles de cuisine et autres.

Les ustensiles de cuisine et autres objets relatifs à l'ordinaire doivent être tenus très proprement et placés de manière qu'ils ne puissent gêner. Le pot au blanc doit être couvert, et dans un endroit où il ne puisse être renversé.

Chauffage.

Le chauffage est rangé, si c'est de la tourbe, dans un coin de la cheminée ; si c'est du bois, dans l'emplacement le plus convenable, et sous les lits, lorsqu'il y a impossibilité de le placer ailleurs.

Pain, Viande, Légumes.

Le pain est placé sur les planches destinées à cet usage, et la viande pendue à un clou, en dehors de la fenêtre ; mais, pendant l'été, le cuisinier a soin de ne pas la laisser exposée au soleil, et il est essentiel que, dans chaque ordinaire, il y ait un morceau de toile pour la garantir des mouches. Les légumes se placent à l'endroit où ils gênent le moins, et où ils ne puissent être foulés.

Quand les localités ne permettent pas toutes ces dispositions, on s'en rapproche le plus possible, à l'effet d'établir dans la tenue des chambrées un ordre uniforme, qui puisse à la fois faciliter l'inspection des effets et leur conservation, entretenir la propreté, et surtout mettre les soldats en état de tout trouver promptement, s'il fallait s'assembler à l'improviste avec armes et bagages.

Soins de Propreté le Samedi et le Dimanche.

240. A moins de circonstances particulières, le samedi étant consacré aux travaux de propreté, le caporal empêche ce jour-là, après la soupe, qu'aucun soldat sorte avant que l'officier de section ait passé sa revue. Dans la journée, sous la surveillance des sergens, il fait battre les couvertures, les habits, blanchir la buffleterie, nettoyer les armes, laver les tables et les bancs, et mettre tout dans l'état de la plus exacte propreté.

Le dimanche, il s'assure que tous les soldats prennent du linge blanc.

Entretien du Linge et de la Chaussure.

241. Il veille à ce que le linge soit racommodé après le blanchissage, et à ce que les clous qui manqueraient à la chaussure soient remplacés soigneusement.

Blanchîment de la Buffleterie.

242. Afin de maintenir l'uniformité de nuances dans la buffleterie, le chef de chambrée a un vase dans lequel il prépare ou fait préparer, en sa présence, les matières destinées à la blanchir; il s'oppose à ce qu'on se serve de matières préparées ailleurs.

CAPORAL CHEF D'ORDINAIRE. — *Vérification du Livret de l'Ordinaire.*

243. La veille du prêt, le caporal chef d'or-

dinaire présente à l'officier de section le livret servant à l'inscription des recettes et dépenses, pour qu'il le vérifie et l'arrête.

Prêt.

244. Le jour du prêt, il porte le livret chez le sergent-major, pour y faire inscrire, en sa présence, le nouveau prêt, ainsi que les autres objets de recette, et pour recevoir la solde.

De retour à la chambre, il donne aux soldats leurs deniers de poche, sur lesquels il n'est permis, sous quelque prétexte que ce soit, de faire aucune retenue ; il ne peut faire aucun autre décompte, le reste du prêt devant être consommé aux dépenses de l'ordinaire.

Toutes les subsistances, hormis le pain de munition, y doivent être en commun : il en est de même des ingrédiens pour blanchir la buffleterie, éclaircir les armes, cirer les gibernes et noircir les souliers, soit qu'on les emploie en commun, soit qu'on les distribue, au besoin, à chaque homme.

C'est aussi sur le prêt que le caporal paie le blanchissage, à raison d'une chemise et d'un mouchoir par homme et par semaine. Le lundi matin, il fait rassembler le linge sale et le remet en compte à la blanchisseuse. Celle-ci rapporte le linge blanc le samedi, autant que possible; le caporal le reçoit et fait remettre à chacun

ce qui lui appartient. S'il y a des plaintes contre
la blanchisseuse, soit que le linge se trouve mal
blanchi, soit qu'elle ne le rende pas exactement, il en fait le rapport à son sergent et à
l'officier de section.

Défense de se servir de cuivre pour la cuisine.

245. Il est expressément défendu de se servir
d'ustensiles de cuivre pour la cuisine, à moins
d'impossibilité reconnue d'en avoir d'autres :
dans ce dernier cas, ils doivent être soigneusement étamés et nettoyés.

Police des Repas.

246. Aucun caporal ou soldat ne peut se
dispenser de manger à l'ordinaire sans une
permission de l'officier de section, approuvée
par le capitaine.

Le caporal chef d'ordinaire maintient l'ordre
pendant les repas, et une exacte justice dans
la distribution des alimens.

Corvée de soupe — Soupe portée à l'extérieur ou mise à part.

247. Le caporal commande, à tour de rôle,
les soldats et les tambours pour faire la soupe,
en commençant par le moins ancien.

Il fait conserver, le matin, et tenir chaude
celle des hommes de garde, pour qu'ils la mangent à leur retour ; il la fait porter, le soir, par
le cuisinier, aux nouveaux hommes de garde.

Lorsque l'emplacement des postes ou l'heure de les relever rend utile que la soupe leur soit portée le matin, le lieutenant-colonel en donne l'ordre.

Le chef d'ordinaire fait porter également aux détenus les subsistances qui ont été fixées lors de la punition.

On ne conserve point de soupe pour ceux qui, devant manger à l'ordinaire, ne se trouvent pas présens à l'heure prescrite ; et il est défendu d'en mettre à part, si ce n'est pour les sous-officiers qui, par circonstance, seraient forcés de vivre à un ordinaire.

Le caporal exige que le cuisinier soit toujours en tenue de corvée, et ne s'absente pas sans nécessité.

Recrue faisant sa première soupe.

248. Quand un homme de recrue fait la soupe pour la première fois, il est défendu d'exiger de lui qu'il ajoute à l'ordinaire ; et, dans tous les cas, le caporal ne peut le lui permettre, sans l'autorisation du sergent de subdivision.

Emploi du Pain de soupe.

249. Le pain donné, fourni ou acheté en plus pour la soupe, y doit être uniquement et entièrement employé.

Achats.

250. Le chef d'ordinaire doit acheter des den-

rées saines et nourrissantes, et les chercher dans les prix les moins élevés : la viande de bœuf, remplissant ces deux objets, doit être, autant qu'il se peut, la seule en usage.

Pour aller faire les emplettes de l'ordinaire, il doit être en tenue, armé de son sabre, et toujours accompagné d'un soldat en sarrau, veste ou capote, et bonnet de police, qui rapporte à la chambre les diverses provisions, et qu'il ne peut empêcher de débattre les prix, ni d'aller à d'autres marchands. A son retour, il inscrit les dépenses sur le livret de l'ordinaire, en présence de ce soldat, dont il y mentionne le nom.

Soins du Cuisinier pour la propreté.

251. Le cuisinier tient la chambre dans la plus grande propreté. Après que les lits ont été faits et que la chambre a été balayée, il ôte la poussière de dessus les effets d'armement ; il nettoie les ustensiles de cuisine, qu'il doit rendre propres et consigner à celui du lendemain. Il ne peut fendre le bois que dans la cour, et non dans les chambres, corridors et escaliers. C'est au caporal à faire observer tous ces détails.

État affiché des Tours de corvée.

252. Le tableau des tours de corvée doit être affiché, par les soins du chef d'ordinaire, dans un lieu apparent de la chambrée, afin que chacun puisse le vérifier quand il le juge à pro-

pos. Les corvées commencent par la queue du contrôle de formation.

Tout soldat, chef d'ordinaire, est exempt des corvées de soupe et de pain.

SERVICE DE SEMAINE. — *Tenue du Caporal de Semaine.* — *Cas où il y en a deux par Compagnie.*

253. Le caporal de semaine est toujours en tenue. Il en est établi deux par compagnie, dans le cas prévu par l'article 201 pour les sergens.

Corvées commandées.

254. Il commande les corvées, et, autant que possible, il le fait aux appels ; le contrôle de la compagnie lui est remis, à cet effet, par celui qu'il relève.

Propreté du Quartier.

255. Après l'appel du lever, et à la batterie qui a lieu à cet effet, il rassemble les hommes de corvée pour leur faire nettoyer les corridors et escaliers; après quoi, il les conduit au sergent de garde, qui, de son côté, leur fait nettoyer les cours, les latrines, vider les baquets, etc., lorsqu'il n'y a pas assez de consignés ou de détenus à la salle de police pour cette corvée.

Garde. — Parade.

256. A la batterie pour le rassemblement de la garde, il réunit les hommes de service, et les présente à l'adjudant de semaine.

Il assiste à la garde montante ou parade, et se rend de là dans chaque chambrée pour y transmettre les ordres.

Classes d'Instruction.

257. Il réunit les hommes des différentes classes d'instruction, et, après l'inspection du sergent, il conduit ceux de la dernière classe au rassemblement général.

Remise du Service.

258. Le dimanche, il ne quitte son service qu'après avoir remis le contrôle de la compagnie à celui qui le remplace : ce qui a lieu en présence du sergent de semaine, après la garde montée.

Tambours, Cornets, Trompettes d'Eclaireurs, Musiciens.

Police et Instruction des Tambours, Cornets et Trompettes.

259. Les tambours, cornets et les trompettes d'éclaireurs sont, pour leur service et leur instruction, sous la surveillance du tambour-major et du caporal-tambour ; ils sont soumis à la police des chambrées dans lesquelles ils logent. Le tambour-major en a un contrôle, par bataillon et par compagnie, pour commander le service.

Le tambour-major, et, sous lui, les caporaux-tambours sont obligés d'instruire tous les tambours aux batteries de l'ordonnance. Chaque jour, ils en réunissent au moins la moitié pour les leçons et répétitions. Le tambour-major rend compte de leur instruction au plus ancien adjudant, sous la surveillance duquel ils sont placés.

Batteries et Sonneries.

260. Il y a trente batteries distinctes pour le service, savoir :

La générale ; — l'assemblée ; — le rappel ; — la messe ; — aux drapeaux ; — aux champs ; — le pas accéléré ; — la charge ; — le ralliement ; — la retraite ; — la marche de nuit particulière au corps ; — la diane ; — le réveil ; — les corvées ; — les distributions ; — la soupe ; — l'appel de dix heures et demie ; — le ban ; — la fermeture du ban ; — le rigaudon ; — à l'ordre ; — à l'ordre pour les caporaux de semaine ; — à l'ordre pour les fourriers ; — à l'ordre pour les sergens de se-   à l'ordre pour les sergens-majors ; — à l'ordre pour la réunion des tambours ; — le rassemblement des gardes ; — l'appel des hommes consignés ; — l'appel après la retraite ; — l'extinction des feux.

Les cornets de voltigeurs ont des sonneries correspondantes, pour ce qui regarde le service intérieur et leur service particulier, lorsque la compagnie est détachée.

Les sonneries pour le service particulier de la compagnie d'éclaireurs sont les mêmes que celles indiquées par les règlemens de service intérieur pour la cavalerie.

Quand les troupes de plusieurs corps occupent le même quartier, les tambours-majors ou caporaux-tambours s'entendent entre eux, d'après les ordres de leurs chefs, pour ajouter à chaque batterie quelque signal distinctif, de manière que le service ne soit pas confondu entre les corps.

Parade.

261. Tous les jours, à huit heures et demie du matin, le tambour-major passe l'inspection des tambours, cornets et trompettes; à neuf heures, il fait battre l'assemblée pour l'avertissement de la garde ; à onze heures et un quart, il fait rappeler par tous les tambours pour son rassemblement. Il se trouve tous les jours avec eux, en tenue, à la garde montante ou parade, et s'y place à la gauche des sous-officiers. Il reçoit au cercle les ordres pour son service ; et lorsqu'il y en a d'imprévus, il les reçoit de l'adjudant de semaine, qui peut quelquefois lui permettre de se faire suppléer par un caporal-tambour, à la garde montante, lorsqu'il n'y a point de parade.

Retraite.

262. Tous les soirs il rassemble, pour faire battre et sonner la retraite, les tambours, cornets et trompettes sur la place d'armes, quand il y a d'autres troupes dans la garnison ; et, en cas contraire, devant le quartier, ainsi que sur les autres points que l'adjudant lui a indiqués.

263. Tous les tambours roulent ensemble pour
le service de garde et de détachement. Le tambour-major les commande à tour de rôle et par
ancienneté sur tout le régiment ou la légion ,
en observant de ne pas commander en même
tems deux tambours de la même compagnie.

Les tambours de la compagnie d'artillerie ne
roulent qu'entre eux pour le service de détachement et les corvées particulières à leur
compagnie. Ils roulent pour tous les autres services avec tous les tambours du régiment ou
de la légion.

Les cornets de voltigeurs alternent pour le
service de détachement.

Les deux trompettes de la compagnie d'é-
claireurs alternent pour toutes les espèces de
service de leur compagnie. Il y en a toujours
un au corps-de-garde de police pour le service
particulier de la compagnie.

Il y a tous les jours un tambour de service,
et plus si le cas l'exige , pour exécuter toutes
les batteries. Il ne quitte ni le jour ni la nuit
la garde de police. Il est aux ordres de l'adjudant-major de semaine , de l'adjudant de semaine et du sergent de garde.

Les tambours, les cornets et les trompettes
sont exempts des corvées de la compagnie ,
mais

mais sujets à celles de la chambrée et de l'ordinaire.

Musiciens.

264. Les musiciens sont aux ordres de leur chef, qui est responsable de leur instruction, sous la direction d'un officier désigné à cet effet par le colonel. Leur chef les réunit aussi souvent qu'il est nécessaire pour les leçons et répétitions. Il dirige les exercices des cornets de voltigeurs et des trompettes de la compagnie d'éclaireurs, et il est tenu de leur enseigner les élémens de la musique.

Les musiciens assistent à la garde montante et à la parade.

Cas de séparation.

265. Quand le régiment ou la légion se divise pour camper ou cantonner, le tambour-major et la musique marchent avec les bataillons que commande le colonel ; les caporaux-tambours marchent avec leur bataillon ; celui des compagnies de dépôt reste avec elles. Les tambours, cornets et trompettes suivent leur compagnie respectives.

MODE DE RÉCEPTION

DES OFFICIERS, SOUS-OFFICIERS ET DES CAPORAUX.

Officiers.

266. Les officiers promus à de nouveaux grades,

ou appelés à de nouveaux emplois, sont reçus de la manière suivante :

Le colonel , par le maréchal-de-camp commandant la brigade ou l'arrondissement territorial, devant la légion ou le régiment assemblé à cet effet et sous les armes , le corps des officiers étant en grande tenue ainsi que la troupe ;

Le lieutenant-colonel , par le colonel, ou, en son absence, par le chef-de-bataillon ayant le commandement par *intérim* , devant la légion ou le régiment sous les armes , et assemblé à cet effet ;

Les chefs-de-bataillon , devant leur bataillon sous les armes, par le colonel ou le lieutenant-colonel ;

Le major , par le colonel ou le lieutenant-colonel , ou par le chef-de-bataillon qui commanderait en leur absence, devant un bataillon sous les armes, formé de détachemens de chacun des bataillons du régiment ou de la légion qui se trouvent dans la place, le trésorier et l'officier d'habillement présens , s'ils sont sur les lieux; (au dépôt, le major est reçu devant les compagnies assemblées et sous les armes, par le plus ancien capitaine , à moins qu'il n'y ait un chef-de-bataillon présent ;)

Les adjudans-majors, par le chef-de-bataillon de semaine ; le trésorier , l'officier d'habillement

et le porte-drapeau, par le major, à la garde
montante , devant un piquet formé de fractions
de chaque compagnie , et d'une force égale à
celle d'un détachement de leur grade ;

Les capitaines , par le chef de leur bataillon ;
les lieutenans, par leur capitaine ; les sous-lieutenans , par le capitaine, ou par le lieutenant,
quand ce dernier commande par *intérim* , devant
la compagnie sous les armes , lors de la plus
prochaine réunion.

L'officier qui doit être reçu est armé , faisant
face à la troupe, et placé à la gauche de celui
qui le fait recevoir. Ce dernier met l'épée à la
main, et dit à haute voix : DE PAR LE ROI,
officiers, sous-officiers , caporaux et *soldats ,
vous reconnaîtrez* M. (le nom) *ici présent, pour*
(désigner le grade ou l'emploi), *et vous lui
obéirez en tout ce qu'il vous commandera pour
le bien du service de Sa Majesté , et pour l'exécution des règlemens militaires.*

Quand l'officier qui procède à la réception
est d'un grade inférieur à celui de l'officier qu'il
reçoit , il substitue, dans la formule ci-dessus,
les mots *nous reconnaissons* aux mots *vous reconnaîtrez,* ceux *et nous lui obéirons* à ceux
et vous lui obéirez.

La nomination et l'entrée en fonctions du chirurgien-major, de ses aides et de l'aumônier,

sont annoncées par l'ordre du jour du régiment ou de la légion, lors de leur arrivée : ce qui, à leur égard, tient lieu de réception.

Adjudans, Sous-Officiers et Caporaux.

267. Les adjudans, les sous-officiers et les caporaux sont reçus de la manière suivante :

Les adjudans, à la garde montante, par l'adjudant-major de semaine, à la tête des sous-officiers assemblés;

Les sergens-majors, les sergens et les caporaux-fourriers, par le commandant de la compagnie, à l'inspection du dimanche, ou lorsque la compagnie prend les armes;

Le tambour-major, par l'adjudant-major de semaine, à la garde montante, et à la tête des tambours;

Le caporal-tambour, par l'adjudant de semaine, de la même manière;

Les caporaux, par l'officier de semaine à l'un des appels.

La formule de réception est analogue à celle indiquée par l'article précédent.

Grenadiers et Voltigeurs.

268. Les grenadiers et voltigeurs sont choisis sur toutes les compagnies par le colonel, sur la présentation du chef-de-bataillon, parmi les hommes les plus propres à ce service par leur

tournure, leur agilité, leur intelligence, leur
taille et leur vigueur, qui ont donné l'exemple
de la valeur, de la bonne conduite, de la subordination, d'une belle tenue, et ayant au
moins un an de service. A la guerre, un acte
d'intrépidité, une bravoure soutenue dispensent
de l'ancienneté. Dans aucun cas, on ne peut être
admis aux grenadiers ou voltigeurs, si l'on n'est
de première classe, c'est-à-dire en état de manœuvrer dans le bataillon.

Au colonel seul appartient le choix des officiers, sous-officiers et caporaux de grenadiers
et voltigeurs. Ils sont pris sur toutes les compagnies d'infanterie de la légion ou du régiment,
indistinctement, parmi les officiers, sous-officiers, caporaux et soldats qui réunissent les qualités morales et physiques exigées pour ce service.
Les grenadiers et voltigeurs ne font d'autres corvées que celles de leur compagnie et de la soupe.

CONSIGNE GÉNÉRALE,

POUR LA GARDE DE POLICE.

269. Il y a toujours, au quartier, une garde de
police dont la force est proportionnée aux localités, aux circonstances, et déterminée par le
commandant du corps. Elle défile au quartier,
et ne fait point partie du service de la place.

Elle ne reçoit de consignes verbales et jour-

nalières que des officiers supérieurs, de l'adjudant-major ou de l'adjudant de semaine, et n'en
reçoit d'écrites et de permanentes que du commandant du régiment ou de la légion.

Elle doit marcher, en partie seulement, à la
demande de toute personne en grade, ainsi que
dans le cas où elle serait appelée pour mettre le
bon ordre et en arrêter les perturbateurs, soit
par le juge de paix ou le commissaire de police,
soit par tout citoyen.

DEVOIRS DE LA SENTINELLE DU POSTE. — *Alertes.*— *Honneurs.*

270. Comme toutes les sentinelles, celle du
poste a trois alertes pour lesquelles elle crie *aux
armes :* le bon Dieu, le feu et le bruit. Elle crie
encore *aux armes* pour rendre les honneurs à
un officier général qui entrerait au quartier, et
hors la garde pour le colonel et pour l'officier
supérieur qui commande en son absence. Elle
présente les armes aux officiers généraux et supérieurs ; elle les porte pour les autres officiers,
ainsi que pour les chevaliers de Saint-Louis et
ceux de la légion d'Honneur.

Légumes apportés au Quartier.

271. Elle doit s'opposer à ce qu'aucun soldat
fasse entrer ou apporte des légumes, à moins que
le porteur ne soit accompagné d'un caporal en
tenue.

Paquets portés ou jetés hors du Quartier.

272. Elle doit empêcher qu'aucun soldat ou étranger sorte avec un paquet, à moins qu'un caporal ne l'accompagne. Si on jetait un paquet par les fenêtres, elle en préviendrait le sergent ou le caporal.

Entrée des femmes et des étrangers au Quartier.

273. Elle ne laisse entrer au quartier d'autres femmes que celles qui y sont logées ou qui appartiennent au corps, à moins que le sergent de garde ne l'ordonne ; elle en use de même pour tout autre étranger.

Propreté du Quartier.

274. Elle ne souffre pas qu'on fasse ou qu'on jette des ordures près du poste ni dans l'intérieur du quartier, hors les endroits à ce destinés.

Consignés.

275. Elle doit bien observer que les sous-officiers, caporaux et soldats qui lui sont désignés comme consignés au quartier n'en sortent point.

Entrée et Sortie après l'Appel.

276. Elle empêche les caporaux et soldats de sortir après l'appel du soir ; elle fait passer au corps-de-garde tous ceux qui rentreraient après cet appel, même les sous-officiers et les fourriers, ainsi que les ouvriers du corps et travailleurs en ville.

Lumières éteintes.

277. Si pendant la nuit, ou après la batterie pour éteindre les lumières, elle en aperçoit dans les chambres, elle en avertit le sergent.

Reconnaissance des Rondes et Patrouilles.

278. Après dix heures du soir, elle crie *qui vive!* sur tout le monde, et exige qu'on ne passe qu'à quelques pas d'elle. Si la garde est extérieure et qu'une ronde ou une patrouille se présente, elle crie : *halte-là, aux armes, venez reconnaître.*

DEVOIRS DU TAMBOUR DE POLICE. — *Il ne peut s'absenter.*

279. Le tambour de police ne quitte le corps-de-garde ni le jour ni la nuit. Il est aux ordres du commandant de la garde de police.

Batteries.

280. Indépendamment de toutes les batteries imprévues qui peuvent lui être ordonnées par les officiers supérieurs, l'adjudant-major ou l'adjudant de semaine, il est chargé, sous la direction du commandant du poste, d'exécuter régulièrement, et de la manière indiquée ci-après, les batteries pour le service journalier, sauf les changemens qui pourraient être momentanément ordonnés.

A sept heures du matin, depuis le premier octobre jusqu'au premier avril; à six heures pendant les six autres mois, il fait un roulement pour le réveil et l'appel;

A sept heures et demie, depuis le premier octobre jusqu'au premier avril; à six heures et demie, le reste de l'année, il bat aux consignés, ainsi qu'il est dit ci-après, pour la corvée de propreté;

A huit heures et demie, il rappelle aux tambours pour leur inspection;

A neuf heures et demie, il fait deux roulemens pour l'inspection préparatoire des hommes de service;

A dix heures, un roulement pour la soupe;

A dix heures et demie, trois roulemens pour l'appel et pour l'inspection de l'officier de semaine;

'A quatre heures, depuis le premier octobre jusqu'au premier avril; à cinq heures, pendant les six autres mois, un roulement pour la soupe;

Il rappelle aux tambours, à l'heure ordonnée, pour aller battre la retraite;

Une demi-heure après la retraite, il fait trois roulemens pour l'appel;

Une heure après l'appel, un roulement pour éteindre les feux;

Pour rassembler les consignés, il bat un roulement, une breloque, un rappel;

Pour appeler aux sergens-majors, il fait un roulement et donne quatre coups de baguette;

Pour appeler aux sergens, il fait un roulement et donne trois coups de baguette;

Pour appeler aux fourriers, il fait un roulement et donne deux coups de baguette;

Pour appeler aux caporaux, il fait uu roulement et donne un coup de baguette;

Pour appeler aux sergens et aux caporaux de semaine, il fait un roulement et un rappel.

281. Le caporal se place à la droite de la garde lorsqu'il la commande, et à la gauche dans le cas contraire.

Vérification au corps-de-garde et à la salle de police.

282. Il doit reconnaître, en arrivant, tous les ustensiles, registres et consignes du corps-de-garde ; s'il les trouve en mauvais état, il en fait le rapport au commandant du poste, et celui-ci à l'adjudant. Il fait de même pour la salle de discipline, et il y vérifie le nombre des détenus.

Répartition du Service entre les Hommes de garde.

283. Il numérote les hommes de la garde pour déterminer l'ordre de faction ; il fait tirer au sort les corvées parmi ceux qui restent après la première pose, et il désigne, lorsqu'il y a lieu, les plus intelligens pour les rapports verbaux, et pour aller recevoir l'ordre et le mot.

Manière de relever les Sentinelles.

284. Pour conduire en faction, il fait sortir en même tems tous les soldats de pose ; il leur fait porter les armes à son commandement, les présente à l'inspection du commandant du poste, et désigne les plus intelligens pour les postes essentiels. S'il y a moins de quatre hommes, il les place sur un rang pour les conduire, et sur deux,

s'il y en a davantage. Il relève d'abord la sentinelle du poste , et ensuite la plus éloignée :
toutes , excepté la première , doivent le suivre
jusqu'à son retour au poste, et s'arrêter à six
pas de celle qu'on remplace.

Pour relever, il place la nouvelle sentinelle à
la gauche de l'ancienne , et commande : *portez
vos armes ; à droite et à gauche , présentez vos
armes.* Il fait répéter la consigne , et y ajoute
ce qu'il croit convenable pour la faire mieux
comprendre. Il reconnaît les objets que doivent
contenir les guérites , tels que capotes , consignes , etc. Il ramène les factionnaires dans le
même ordre qu'il a conduit la pose , leur fait
faire demi-tour à droite , présenter les armes ,
haut les armes , toujours au commandement , et
rompre les rangs pour les faire rentrer. Il en
rend compte au sergent.

Reconnaissance des Rondes et Patrouilles.

285. Lorsqu'une ronde ou patrouille est arrêtée , la garde prend les armes , le caporal se
porte à quinze pas de la sentinelle , crie à son
tour : *qui vive !* et , après qu'on lui a répondu ,
il dit : *avancez à l'ordre.* Il a désigné d'avance
les hommès pour aller reconnaître avec lui.

Salle de Discipline.

286. Le caporal a les clefs de la salle de discipline, et ne peut les confier qu'au sergent de

garde, pendant qu'il va relever les sentinelles. Il n'y laisse entrer et n'en laisse sortir qui que ce soit, que d'après les ordres du commandant du poste.

Il s'assure que toutes les soupes soient réunies et portées en même tems aux détenus, et qu'il ne soit rien ajouté à ce qui leur est accordé; il reste à la salle de discipline pendant que les détenus mangent la soupe; il s'oppose à ce qu'on y porte de la lumière, des pipes, ou d'autre boisson que de l'eau.

Il empêche que les prisonniers aient des relations avec des soldats; et, en conséquence, il n'ouvre la porte que pour les sous-officiers ou caporaux.

Tous les matins, à l'heure de la corvée de propreté, il y fait la visite, reconnaît les dégradations, voit s'il n'y a pas de malades, fait balayer, vider les baquêts et renouveler l'eau dans les cruches.

Avant la nuit, il fait la même chose.

DEVOIRS DU SERGENT DE GARDE. — *Place et formation de la nouvelle garde.*

287. Le sergent amène la garde, lorsqu'il la commande, à la gauche de l'ancienne, ou vis-à-vis à défaut d'espace, et la place, dans l'un comme dans l'autre cas, sur deux rangs, lorsqu'elle est au-dessus de six hommes, et sur

trois rangs, si elle est de plus de dix-huit ; il ne fait rompre les rangs qu'après que l'autre est partie et a remis la baïonnette.

Le sergent responsable de tout le service du poste.

288. Il répond de la ponctualité du capo-ral et des sentinelles à remplir leurs devoirs : il doit donc les leur faire répéter souvent.

Il est chargé de faire exécuter toutes les batteries, et doit le faire avec l'exactitude la plus scrupuleuse ; il a en conséquence à sa dis-position le tambour de service, auquel il ne doit laisser quitter le poste ni le jour ni la nuit.

Visite de la Salle de discipline.

289. Il visite la salle de discipline le matin et le soir, et reçoit les demandes ou réclama-tions des détenus. Il fait prévenir les officiers supérieurs ou autres, et même les sous-offi-ciers auxquels les prisonniers désireraient faire personnellement leurs réclamations : ce qui ne peut être accueilli lorsque le réclamant est pris de vin.

Propreté du Quartier.

290. Une demi-heure après le réveil, et au signal donné à cet effet, il rassemble les dé-tenus et les hommes de corvée que doivent lui amener les caporaux de semaine, pour faire balayer les cours et passages communs du quar-tier, nettoyer les latrines, et tirer de l'eau.

Surveillance générale sur la tenue de la Troupe.

291. Il observe généralement, et plus rigou-
reusement les dimanches et fêtes, et les jours
de passage de troupe, la tenue des caporaux
et soldats qui sortent du quartier : elle doit être
celle ordonnée ou celle d'uniforme complet ; il
ne laisse pas sortir ceux dont la tenue serait
défectueuse. Les sous-officiers, caporaux, grenadiers, voltigeurs et tambours, cornets et trompettes, ne peuvent sortir en tenue sans sabre.

Étrangers au quartier.

292. Il doit examiner soigneusement tous les
étrangers qui se présentent pour entrer au quartier : ce qu'il ne permet point aux femmes qui
lui paraissent suspectes, ni aux gens sans aveu.
Il a l'attention de faire conduire partout où ils
le désirent, par le caporal ou par un soldat
intelligent, les officiers et sous-officiers des autres
corps, et les personnes de marque ; il en agit
de même à l'égard des parens des militaires du
corps.

Tenue du soir. — Fermeture du Quartier.

293. A la retraite, il fait mettre les bonnets
de police à sa garde, et fait fermer les portes
du quartier, ne laissant ouvert que le guichet.

Rondes dans le Quartier et dans les Cantines.

294. Après la retraite, il visite toutes les

portes du quartier, que le caporal a dû faire fermer.

Après l'appel, il passe dans les cantines du quartier, et après en avoir fait sortir tous ceux qu'il y trouve, et dont il fait mention au rapport, il les fait fermer. Il fait faire des patrouilles dans celles des environs, si des soldats ne sont pas rentrés.

Lumières éteintes.

295. Une heure après l'appel, il fait battre pour éteindre les lumières, et s'assure ensuite que cet ordre s'exécute partout. Il indique dans son rapport la chambre dans laquelle il aurait été obligé de monter pour l'exiger.

Rondes autour du Quartier.

296. Il fait des rondes autour du quartier pour vérifier si tout est tranquille, et s'il n'y a point de lumières dans les chambres. Il peut se faire suppléer quelquefois par le caporal ; mais attendu que celui-ci a ses courses de pose, il ne doit le faire que rarement, cette responsabilité importante ne pouvant guère d'ailleurs être partagée.

Secours du Chirurgien-major.

297. Il remet au chirurgien-major, lorsqu'il vient le matin faire sa visite au quartier, les billets que, dans les cas ordinaires, les sergens-majors ont fait déposer au corps-de-garde.

Si pendant la nuit il est averti que quelqu'un a besoin des prompts secours du chirurgien-major, il l'envoie aussitôt appeler par le caporal ou par un homme sûr.

Rentrées au Quartier après l'Appel.

298. Après l'appel du soir, les caporaux et soldats ne peuvent plus rentrer sans se présenter au sergent, qui inscrit l'heure de leur retour sur le registre dont il sera parlé ci-après, et retire les permissions, excepté celles qui sont permanentes. Il en est de même pour les sous-officiers et fourriers une heure après cet appel.

Heure de Tenue et d'Inspection de la Garde.

299. A six heures du matin en été, à sept en hiver, il fait mettre sa garde en bonne tenue, et en passe l'inspection : ce qu'il est libre de faire aussi souvent que le bien du service le lui fait juger nécessaire.

Registre des Rapports et Comptes journaliers.

300. Il y a, au corps-de-garde de police, un registre fourni par le corps, sur lequel la présente consigne est inscrite, et qui sert à l'enregistrement de toutes celles qui peuvent être données pour un terme au-delà d'une semaine, des entrées et sorties de la salle de discipline, des rentrées au quartier après l'appel ou après les heures portées sur les permissions, des diverses rondes et patrouilles,

patrouilles, s'il en est fait, et, enfin, de toutes les notes dont l'objet doit être mentionné au rapport. Ce registre est signé par le sergent, et arrêté chaque jour par l'adjudant de semaine, vers huit heures du matin, instant où le sergent va le lui présenter et lui rendre compte. Il est arrêté définitivement tous les dimanches par l'officier supérieur de semaine.

Quelques feuilles de ce registre sont consacrées à inscrire la demeure de tous les officiers du corps, ainsi que celle du chirurgien-major et de ses aides. L'adjudant de semaine a soin d'y faire mentionner les changemens, à mesure qu'ils surviennent.

Descente de la Garde.

301. La sentinelle crie *aux armes*, dès qu'elle aperçoit la nouvelle garde. Après que les consignes sont rendues, le corps-de-garde et la salle de discipline visités, le sergent, s'il commande la garde, fait partir sa troupe par le flanc; il l'arrête à quinze pas, lui fait remettre la baïonnette, et la fait rentrer.

Disposition générale.

302. Quel que soit le grade du commandant de la garde de police, il est responsable de l'entière exécution de la présente consigne.

10

Vaguemestre.

Rang et Fonctions.

3o3. Le vaguemestre est choisi par le conseil d'administration, et pris parmi les sous-officiers.

Il est sous la direction et la surveillance immédiate du major, qui présente les sujets pour cet emploi.

En route, il est chargé de la conduite des équipages, sous les ordres exclusifs d'un officier nommé à cet effet par le colonel. (*Voyez art.* 452 *et suivans.*)

Muni d'une commission spéciale, qui lui est délivrée à cet effet par le conseil d'administration, il peut seul retirer des bureaux de la poste les lettres, paquets, argent et effets adressés au conseil, ainsi qu'aux officiers, sous-officiers et soldats; il en est responsable, et il les distribue sans retard.

Quand il ne reçoit point de traitement spécial, il est autorisé à percevoir, en sus de la taxe, cinq centimes pour chaque lettre adressée aux officiers, sous-officiers et fourriers (*celles des caporaux et soldats sont en tout tems exemptes de cette rétribution*), et deux centimes par franc sur les sommes adressées aux officiers, sous-officiers et soldats. Les lettres et les fonds adressés au conseil d'administration sont exempts de tout droit, comme étant objets de service public.

Quand la poste est trop éloignée du quartier ou du cantonnement, il fait placer, au corps-de-garde de police, une boîte aux lettres, dont lui seul doit avoir la clef, et dont le corps fait les frais ; il lève les lettres chaque jour de courrier pour les mettre à la poste, ayant préalablement été prendre celles du colonel, du major, du trésorier et de l'oficier d'habillement.

Il est chargé, sous les ordres des officiers de détails, de faire transporter, des bureaux de la diligence ou du roulage au magasin du corps, les caisses, balles et marchandises adressées au conseil d'administration ou aux oficiers de détails.

Il est encore chargé de veiller à l'entretien des voitures, de leurs harnois et de leurs chevaux, enfin de tous les transports auxquels ils sont dans le cas d'être employés.

Remise des Lettres, Argent et autres Objets.

304. Il remet d'abord au commandant du corps les dépêches qui lui sont adressées, ainsi qu'au conseil d'administration.

Il distribue ensuite celles du major, du trésorier et de l'oficier d'habillement.

Les lettres et l'argent adressés aux officiers leur sont portés à domicile par le vaguemestre,

à moins qu'il n'ait eu occasion de les leur remettre à la parade ou aux autres heures de
service.

Il en est de même de tout ce qui est adressé
aux adjudans et aux maîtres ouvriers. Les autres
sous-officiers du petit état-major peuvent recevoir leurs lettres et leur argent par l'entremise
de l'adjudant de semaine, qui, dans ce cas,
donne un récépissé.

Les lettres et l'argent adressés aux sous-officiers et soldats sont remis au sergent-major de
chaque compagnie, qui est chargé de les faire
tenir, et qui doit donner récépissé de l'argent et
des lettres chargées.

Le vaguemestre remet, tous les jours de
poste, à l'adjudant de semaine, la liste des militaires pour lesquels il a de l'argent ou des lettres
chargées. L'adjudant communique cette liste
aux sergens-majors des compagnies dont ces militaires font partie, et en remet un double au
major. Les sergens-majors en préviennent les
intéressés, et en rendent compte à leur capitaine,
qui veille à ce qu'il n'y ait ni retard, ni sujet
de plainte à cet égard.

Les sergens-majors doivent s'empresser de
faire passer aux hommes détachés l'argent et les
lettres qu'ils reçoivent pour eux. Le capitaine
veille à ce que cela se fasse sans délai.

Registre tenu par le Vaguemestre.

3o5. Le vaguemestre tient un registre divisé
en deux parties : la première sert à l'enregistrement des titres qui lui sont confiés, à l'effet de
retirer des bureaux de poste les lettres chargées
et les articles d'argent adressés aux officiers,
sous-officiers et soldats du régiment ou de la
légion, et à la justification de la remise des uns
et des autres ; la seconde est destinée à constater
les chargemens de lettres ou de fonds qu'il fait
de la part des militaires du corps. Ce registre
est coté et paraphé·par le major, visé par l'intendant ou sous-intendant militaire, et conforme
au modèle annexé au présent Règlement. Le
major le vérifie et l'arrête tous les mois.

Lettres de rebut. — Argent destiné aux Absens.

§ 3o6. Les lettres de rebut sont remises, par le
vaguemestre, au bureau de la poste, sans avoir
été décachetées, et après que le motif du refus
a été inscrit au dos : au moyen de quoi le port
lui est remboursé par le directeur.

Les sommes qui n'ont pu être remises ou envoyées dans les huit jours de la réception, et
celles destinées à des militaires absens, dont la
position est inconnue, sont versées dans la caisse ;
le trésorier en donne récépissé au vaguemestre,
et on les garde jusqu'à ce qu'elles puissent être
remises aux ayant-droit. Le trésorier tient, à

cet effet, un registre coté et paraphé par le major, arrêté tous les trois mois par cet officier supérieur, et dont la vérification se fait au moyen de celui tenu par le vaguemestre.

Les sommes destinées à des militaires morts, ou qui n'existent plus au corps sont refusées ou remises à la poste pour retourner aux personnes qui les avaient envoyées, à moins que les militaires ne redoivent au corps, auquel cas le major fait exercer le prélèvement nécessaire sur lesdites sommes.

Réclamations.

307. Le major reçoit et vérifie les plaintes et réclamations des militaires relativement aux lettres et articles d'argent. Il fait faire droit sur-le-champ auxdites plaintes et réclamations ; et dans le cas où elles l'amèneraient à découvrir quelques infidélités, il en dénonce les auteurs au commandant du corps, qui les fait punir suivant la rigueur des lois. Les plaintes des sous-officiers et soldats doivent d'abord être adressées au capitaine.

INSTRUCTION.

Officiers employés à l'Instruction.

308. Le colonel étant responsable de l'instruction, veille constamment à ce que l'ordonnance soit ponctuellement suivie, et que, sous aucun

prétexte, on ne s'écarte ni des principes ni de la progression qui y sont établis, ni des égards avec lesquels l'instruction doit être donnée aux jeunes militaires de tous grades.

Il fait choix de l'instructeur et des sous-instructeurs, sur la proposition du lieutenant-colonel.

Le lieutenant-colonel surveille l'instruction dans ses détails et dans son ensemble : c'est à lui que le colonel fait connaître ses intentions à cet égard.

Il a sous ses ordres un instructeur pris parmi les chefs-de-bataillon, et qui remplace le lieutenant-colonel absent pour tout ce qui a rapport à l'instruction.

L'instructeur a à sa disposition un officier, de préférence un capitaine, par bataillon, pour le seconder constamment en qualité de *sous-instructeur*.

Dans les compagnies de dépôt, un des capitaines est désigné pour en être l'instructeur, sous les ordres du major.

Indépendamment des sous-instructeurs, on emploie aux classes d'instruction le nombre d'officiers ou de sous-officiers nécessaire, ainsi qu'il sera expliqué aux articles suivans.

Les *sous-instructeurs* sont exempts des gardes et piquets, et du service de semaine pendant le tems de l'instruction ; mais ils continuent d'exercer à l'égard de leur troupe les fonctions constitutives de leur grade.

Le lieutenant-colonel et l'instructeur veillent à ce que l'on ait, à l'égard des sous-instructeurs, une déférence constante et absolue pour tout ce qui est relatif à l'instruction.

Instruction préliminaire des Officiers et Sous-Officiers.

309. Pendant la première quinzaine de février, ou plutôt, si la saison a pu le permettre, le lieutenant-colonel fait exercer à l'avance tous les officiers par l'instructeur.

On leur fait parcourir, tant théoriquement que sur le terrain , toutes les leçons de l'école du soldat, ensuite celles de l'école de peloton, afin de connaître le degré d'instruction de chacun d'eux. (Le colonel peut en exempter les officiers que leur âge et leur instruction permettent d'en dispenser.)

Les officiers sont employés alternativement, soit au commandement du peloton , soit à celui des sections , soit comme remplacemens ou guides. Les sous-officiers, auxquels on adjoint les caporaux qui en seraient reconnus capables, sont exercés de la même manière par un sous-instructeur et par les officiers nécessaires.

Après cette épreuve, le lieutenant-colonel, aidé de l'instructeur , fait choix des officiers et sous-officiers qui peuvent être employés aux classes d'instruction , et détermine à quelles classes ils seront attachés. Ces officiers et sous-officiers , pris , autant que possible , en nombre égal dans chaque compagnie , sont , de pré-férence , chargés de l'instruction des hommes de leur compagnie. Ceux qui n'ont pu être em-ployés aux classes , parce qu'ils n'étaient pas assez instruits , continuent d'être exercés par des officiers désignés à cet effet, jusqu'à ce qu'ils aient acquis l'instruction nécessaire. Ils doivent aussi être employés à dresser les recrues , à mesure qu'ils y sont propres.

Formation des Classes d'Instruction des Soldats.

310. Dès le 1er. mars de chaque année , ou plutôt, si la saison a pu le permettre , le lieu-tenant-colonel, assisté de l'instructeur et du ca-pitaine de chaque compagnie , examine succes-sivement , et par compagnie , les sous-officiers , caporaux et soldats , pour déterminer à quelles classes ils doivent être placés.

Toutes les classes doivent reprendre leur ins-truction par la première leçon de l'école du soldat. Les premières classes parcourront ra-pidement cette école , qui , à leur égard , n'a d'autre but que de les raffermir sur les principes.

École de Peloton.

311. Lorsque les hommes de la première classe

sont capables de passer à l'école de peloton,
on réunit ceux de plusieurs compagnies, ou
en forme autant de pelotons qu'il y a lieu, et
ainsi successivement.

Ces pelotons ont, autant que possible, des
capitaines pour instructeurs ; et, tour à tour,
pour chefs de peloton et de section, des capitaines, lieutenans ou sous-lieutenans, et quelquefois des sous-officiers.

École de Bataillon.

312. Dès qu'il y a assez de pelotons instruits,
le lieutenant-colonel en forme un bataillon d'instruction, sous le commandement de l'instructeur. Les adjudans-majors remplissent alternativement leurs fonctions à ce bataillon, et s'ap-
pliquent à former tour à tour les sous-officiers
à celles de guides et de jalonneurs.

Lorsque ce bataillon est suffisamment affermi
dans son instruction, le colonel le fait commander alternativement par les officiers supérieurs, les capitaines des compagnies et les
capitaines adjudans-majors.

Les pelotons et sections sont commandés par
les divers officiers, de manière à les rendre tous
capables de commander leur troupe, et à les
préparer ainsi aux fonctions supérieures à celles
de leur grade.

A mesure qu'il sort des hommes de l'école

de peloton, ils sont exercés au bataillon, et dès que le nombre des pelotons instruits le permet, on forme successivement les autres bataillons d'instruction.

Les officiers, sous-officiers et soldats parfaitement instruits peuvent être dispensés des exercices, lorsque le colonel le juge à propos.

Semestriers.

3i3. A leur rentrée de semestre, les officiers, sous-officiers, caporaux et soldats sont examinés et exercés de la même manière qu'il a été procédé pour les autres.

Époques des Exercices.

3i4. Jusqu'à la fin d'avril, les exercices ont lieu une fois par jour, le samedi et le dimanche exceptés, et deux fois pendant les mois de mai, juin, juillet et août, lorsque le tems et les besoins du service ne s'y opposent pas.

Les exercices à feu ont lieu du 20 avril au 20 septembre, à mesure que les classes, pelotons et bataillons ont acquis assez d'instruction pour les exécuter avec fruit.

On ne s'occupe des évolutions de ligne que lorsque l'instruction des bataillons est bien affermie. On revient même alors fréquemment à l'école de bataillon.

Après le départ des semestriers, on ne doit pas négliger d'entretenir les troupes dans l'habitude des exercices , autant que la saison le permet. En hiver , dans les tems secs, on fait sortir la troupe deux fois par semaine, en capote et le sac au dos. On n'exécute alors que les manœuvres les plus en usage à la guerre, et qui n'exigent pas que l'on reste trop long-tems en place.

Instruction des Recrues.

3r5. L'instruction des hommes de recrue est sous la direction d'un sous-instructeur , aidé des officiers , sous-officiers et caporaux nécessaires , ti és des compagnies dont les recrues font partie. Les capitaines surveillent l'instruction de leurs recrues sur le terrain , et leur font donner dans les chambres les leçons propres à l'accélérer.

L'instruction est permanente pour les recrues, jusqu'à ce qu'ils soient admis au bataillon.

Mutations entre les Classes.

3r6. Autant que possible , les mutations doivent être périodiques : par exemple , tous les quinze jours pour chacune des classes qui composent l'école du soldat ; tous les quinze jours aussi pour l'école de peloton ; tous les mois pour celle de bataillon , et aussi souvent qu'il y a lieu pour l'école des recrues. A mesure que les élèves de l'école de bataillon parviennent à un

degré suffisant d'instruction, ils cessent d'y être
appelés habituellement, excepté lorsqu'on réunit plusieurs bataillons pour les manœuvres de
ligne.

Chaque chef de classe a le tableau des individus qui la composent ; l'instructeur en a de
sommaires par compagnie pour chacune des
classes qui composent l'école du soldat, et celles
de peloton et de bataillon : le lieutenant-colonel
a le tableau général de toutes les classes.

Le capitaine et le sergent-major doivent tenir
un état nominatif des classes d'instruction de
leur compagnie.

Réunion des Classes. — Exemptions.

317. L'heure des rassemblemens des diverses
classes d'instruction est annoncée à l'ordre de
la garde montante, par l'adjudant-major de semaine, ainsi qu'il est expliqué article 69. Les
sous-instructeurs, aidés au besoin des officiers
de semaine, les conduisent sur le terrain et les
ramènent au quartier.

Les exemptions d'exercice sont accordées aux
officiers par le lieutenant-colonel, aux sous-officiers et soldats, par le capitaine. Pour plus d'un
jour, elles sont demandées au rapport.

Théories.

318. La théorie pour le service et les manœuvres est faite aux officiers par le colonel

ou par le lieutenant-colonel, qui peuvent la faire faire par l'instructeur, ou par le chef de chaque bataillon.

Celle sur l'administration est toujours faite par le major, les officiers devant être instruits de tout ce que les lois accordent, et de tous les moyens qu'ils doivent employer pour en assurer l'obtention.

Les adjudans doivent assister aux théories des officiers, à raison du tracé des lignes, ainsi que des diverses autres fonctions dont ils sont chargés dans les manœuvres, et de la surveillance générale qu'ils ont à exercer sur tout le service intérieur.

La *théorie des sous-officiers* doit être faite dans chaque bataillon, soit par le sous-inspecteur, soit par l'adjudant-major aidé de l'adjudant; sur l'école du soldat et celle de peloton, sur ce qui a rapport aux guides, conversions et distances dans les manœuvres, sur le service des places, de la garde de police, sur les devoirs des sergens de subdivision de semaine, enfin sur toutes les parties de l'armement et de l'équipement. Les sergens-majors et fourriers doivent être questionnés en outre sur ce qui concerne leurs fonctions administratives : le major doit les réunir souvent, à cet effet, avec le trésorier et les officiers chargés de détails.

La *théorie des caporaux* est également faite,
dans chaque bataillon, par le sous-instructeur ou
l'adjudant. Elle est bornée à l'explication de l'é-
cole du soldat, et à ce que doivent observer les
guides et pivots dans les conversions, et pour les
distances. Elle doit s'étendre au service de garde,
de semaine, de chambrée, d'ordinaire, à la manière de monter et démonter les armes, et à celle
de faire le sac, afin que l'instruction sur ces divers objets soit répandue uniformément dans les
compagnies. Les caporaux les plus instruits peuvent être admis à la théorie des sous-officiers.

É C O L E S.

Cours et Bibliothèque pour les Officiers.

3ı9. Les colonels engageront les officiers assez instruits pour donner des leçons de mathématiques élémentaires appliquées à l'art de la
guerre, et faire des théories appuyées sur la lecture et l'analise des meilleurs ouvrages militaires,
à consacrer, deux óu trois fois la semaine, quelques heures à une institution de ce genre pour
les jeunes officiers. Les colonels pourront établir
une école analogue pour les sous-officiers à qui
leur instruction première la rendrait profitable.

Les chefs de corps s'attacheront de plus, autant
que possible, à former une bibliothèque militaire à l'usage des officiers. Les sous-officiers

qui suivront le cours de mathématiques pourront être admis à cette bibliothèque.

Organisation des Ecoles pour les Sous-Officiers et Soldats.

320. Des écoles de lecture, d'écriture et d'arithmétique, d'escrime, de danse et de natation sont établies dans chaque corps, sous la direction et la surveillance du major, qui en fait ou approuve les règlemens, sous l'autorisation du colonel ; il lui propose en outre les officiers et sous-officiers qui doivent y être employés, et lui soumet les dispositions tendant à leur amélioration.

Ecole de Lecture, d'Ecriture, etc.

321. L'école de lecture, d'écriture et d'arithmétique est gratuite. Elle est dirigée, suivant le mode d'instruction le plus économique et le plus rapide, par un officier, secondé du nombre de sous-officiers nécessaire. Les enfans du corps y sont admis ; l'aumônier dirige leur instruction religieuse.

L'état nominatif des élèves est affiché au lieu le plus apparent de la salle ; il indique la date de leur entrée à l'école, les heures des classes dont ils font partie, et les leçons qu'ils y reçoivent.

Les dépenses de cette école sont réglées par les ordonnances d'administration.

Tous les ans, à l'époque des inspections, et sur la proposition du colonel, l'inspecteur-général demande au ministre, pour les sous-offi-

ciers

ciers employés à l'école, une gratification proportionnée à leur travail, ainsi qu'aux progrès de l'instruction des élèves.

4, *Ecoles d'Escrime et de Danse.*

322. L'escrime et la danse seront encouragées, comme favorables au développement des qualités physiques, et propres à donner aux soldats de la souplesse et de la dextérité.

L'école d'escrime est particulièrement dirigée par un officier, qui fixe le prix des leçons, propose les encouragemens qu'il croit utiles pour exciter l'émulation, se tient informé de la conduite des maîtres et des prévôts, et les rend attentifs à prévenir les querelles. Les recrues sont assujetties à suivre cette école pendant six mois au moins.

Local et Ameublement.

323. Le local et l'ameublement des écoles sont fournis par le casernement.

École de Natation.

324. Quand les localités le permettent, les chefs de corps doivent, en prenant les précautions convenables pour prévenir les accidens, établir et favoriser une école pour apprendre à nager aux soldats, ce qui est utile à la santé, et souvent nécessaire à la guerre.

TRAVAILLEURS.

Leur nombre.

325. Le nombre dès travailleurs est subordonné aux besoins du service et de l'instruction, et réparti dans une juste proportion entre les compagnies par le lieutenant-colonel, sous l'approbation du colonel.

Hommes qui peuvent obtenir des permis de travail.

326. On n'accorde de permis de travail qu'aux soldats d'une bonne conduite , ayant au moins six mois de service et déjà admis au bataillon. On ne doit permettre d'aller travailler à la campagne qu'avec beaucoup de réserve, et seulement aux hommes dont la conduite est éprouvée.

On ne souffre point qu'aucun soldat soit employé à un travail qui dégraderait la profession des armes.

Travailleurs aux Ateliers du Corps.

327. Les soldats qui peuvent être utilement employés dans les ateliers du corps sont tenus d'y travailler, si cela est jugé nécessaire.

Prélèvement sur le Prix du Travail.

328. Les travailleurs sont tenus,

1º. De laisser cinq centimes par jour à l'ordinaire;

2º. De payer six francs par mois à l'homme qui fait leur service et qui est chargé de l'entretien de leur armement et équipement;

3°. De verser à leur masse de linge et chaussure, si elle n'est pas complète, ou s'ils ont besoin d'effets à sa charge, une somme déterminée par le capitaine et proportionnée à leur bénéfice.

Le service d'un travailleur peut être partagé entre deux hommes.

Lorsque la cherté des subsistances fait juger convenable d'accorder quelques avantages aux ordinaires, le service des travailleurs roule sur les hommes de leur ordinaire, et les travailleurs y versent six francs par mois, indépendamment des cinq centimes par jour mentionnés ci-dessus.

En considération de la modicité du prix de leurs journées, le service des travailleurs aux ateliers du régiment ou de la légion roule sur tout le corps : ils ne paient que cinq centimes à l'ordinaire, et un franc cinquante centimes par mois pour l'entretien de leur armement et équipement aux hommes qui en sont chargés, s'ils ne les entretiennent eux-mêmes.

Comment et par qui sont demandées et accordées les permissions de travailler.

329. Avant de proposer les permissions de travailler, les capitaines doivent avoir pris des renseignemens certains sur la moralité des personnes qui emploieront les travailleurs, et s'être assurés qu'après les prélèvemens ordonnés par l'article précédent, et en considérant ce que les soldats useront d'effets, il y a de l'avantage à les laisser travailler.

Les chefs-de-bataillon ne soumettent ces permissions au colonel qu'autant que ces conditions
seront remplies ; elles sont approuvées par le
colonel.

Effets dont les Travailleurs doivent être pourvus.

33o. Tout travailleur doit se pourvoir, à ses
fiais, d'un sarrau, ou d'une veste de couleur
adoptée par le corps, différente de celle de l'u-
niforme, mais ayant le bouton du régiment, le
collet et les paremens de la couleur tranchante.

Les effets d'ordonnance des travailleurs restent à la chambre ; ils ne peuvent les porter
que le dimanche, les fêtes, et pour les inspections. Il leur est défendu de jamais s'en servir
pour travailler, à l'exception toutefois du bonnet
de police.

Rentrée des Travailleurs.

331. Les travailleurs en ville ne sont pas dispensés de se trouver à l'appel du soir ni de
coucher au quartier. Ceux que leur travail re-
tient plus tard, et ceux qu'il oblige de sortir
avant la batterie du réveil, en ont l'autorisation spéciale et par écrit, exprimant les heures
de rentrée et de sortie. Cette faveur ne s'accorde
qu'à des hommes d'une excellente conduite.

Ceux qui ont des permissions permanentes
pour découcher et travailler à la campagne
(permissions qui doivent être approuvées

par le commandant de la place), n'en sont
pas moins tenus de rentrer tous les samedis,
pour l'appel du soir.

Tous les travailleurs rentrent nécessairement pour les inspections générales, les revues de comptabilité, et chaque fois que le
commandant du corps le juge nécessaire.

Inspectés et exercés le dimanche.

332. Tous les dimanches, ils sont inspectés,
en tenue, avec leur bataillon, et exercés ensemble par un officier ou sous-officier désigné
à cet effet par l'instructeur.

Registre des produits.

333. Il est tenu par chaque capitaine pour
sa compagnie, et par le major pour tout le
corps, un registre destiné à constater l'époque, la durée, les interruptions, la cessation
et le produit du travail de chaque soldat

Permissions retirées pour inconduite.

334. Tout travailleur qui donne lieu à des
plaintes par une conduite irrégulière, ou par
quelque infidélité dans la quotité et l'emploi du
prix de son travail, doit être aussitôt privé de
sa permission, indépendamment de toute autre
punition proportionnée à la gravité du fait.

Soldats employés par les Officiers.

335. Les officiers ne peuvent occuper habi-

tuellement aucun soldat à leur service personnel, si ce n'est pour l'entretien de leurs armes et
effets d'ordonnance, et pour le pansage de chevaux qui leur sont accordés par les règlemens·
Ces soldats ne sont dispensés ni du service, ni
des exercices et manœuvres.

REVUES.

Revues d'Iuspecteur-Général.

336. A l'arrivée de l'inspecteur-général, et à
l'heure qu'il a indiquée, le corps d'officiers se
présente chez lui en grande tenue. Le colonel
prend ses ordres pour la tenue du régiment ou
de la légion pendant son séjour.

Toutes les autres dispositions relatives aux revues d'inspection sont déterminées par les ordres que donne l'inspecteur-général, en conséquence des Règlemens spéciaux sur ce service.

Revues d'Intendant ou Sous-Intendant militaire.

337. Le corps est en grande tenue pour les
revues d'intendant ou sous-intendant militaire ;
mais il ne la conserve que pendant l'opération
sur le terrain. Toutes les dispositions relatives à
ces revues sont déterminées par les règlemens
spéciaux, auxquels on doit se conformer.

TENUE.

Uniformité.

338. L'uniformité prescrite par le règlement

d'habillement sera exactement observée ; le commandant du corps est responsable de la tenue des officiers , et ceux-ci de celle des sous-officiers et soldats de leurs compagnies.

Il est interdit au commandant du corps de rien changer ni ajouter , prescrire ou tolérer qui soit contraire aux règlemens , sous peine de répondre personnellement, tant envers l'état qu'envers ses subordonnés, des frais qui en seraient résultés.

Tenue des Officiers.

339. Il y a trois tenues pour les officiers :

La tenue du matin ;

La petite tenue ;

La grande tenue.

Elles sont déterminées par les règlemens d'habillement.

Celle du matin est permise jusqu'à dix heures pour les officiers en général , et jusqu'à midi pour ceux employés à l'instruction.

La petite tenue est la tenue habituelle ; les officiers de service intérieur ou de semaine doivent la prendre dès que leur service commence : elle n'est exigée pour les autres que depuis dix heures du matin.

La grande tenue se porte pour tout service de place et tout service armé , à moins que l'officier général commandant ou, en son absence , le lieutenant de Roi n'en ordonne autrement.

Tenue des Sous - Officiers et Soldats.

340. L'obligation de la tenue, pour tout sous-officier ou soldat qui sort du quartier, commence à la batterie de *l'assemblée :* elle ne commence qu'à l'heure du rassemblement de la garde pour les sous-officiers employés à l'instruction.

Tout militaire de l'armement duquel le sabre fait partie doit le porter lorsqu'il sort en tenue.

Les maîtres-ouvriers et ouvriers sont habituellement dispensés de la tenue, afin de pouvoir vaquer librement et en tout tems à leurs occupations.

La santé du soldat exige que tout homme dont le service doit durer la nuit soit toujours muni de sa capote pour s'en couvrir au besoin.

Les sous-officiers et soldats à qui leurs facultés le permettent, et qui veulent se procurer, à leur compte, des pantalons ou effets de linge et chaussure, sont tenus de se conformer à ce que prescrit l'uniforme.

Tenue lors des Rassemblemens.

341. Le colonel fait connaître à l'ordre, la tenue dans laquelle la troupe et le corps d'officiers doivent paraître quand ils se rassemblent.

Blanchîment des habits et de la buffleterie.

342. Il est expressément defendu de laver les habits, vestes et pantalons de drap, et d'employer

pour les blanchir des matières corrosives, ces moyens étant très-nuisibles a leur conservation.

L'usage du vernis pour la bufleterie est également défendu.

Armes tenues en état.

343. Toutes les parties de l'armement qui sont en fer et en cuivre doivent toujours être soigneusement nettoyees.

Les fusils doivent etre habituellement garnis de pierres de bois. Pour le service et les revues, ils doivent l'être de pierres à feu dont les angles soient arrondis; ou les contient entre les mâchoires du chien au moyen d'un plomb reployé.

MESSE.

344. Les jours de fêtes et les dimanches, on bat la messe à l'heure ordonnée par le colonel. Elle est célébrée par l'aumônier du corps.

Les compagnies se réunissent sans armes, mais avec le sabre, et se rendent ensemble à l'église, marchant par le flanc; elles sont conduites par les officiers de semaine, sous les ordres de l'officier supérieur de semaine.

Les tambours et la musique sont à la tête du corps.

Si la messe se dit avant la parade, la garde montante marche après les tambours, et précède les compagnies; si elle ne se dit qu'après la parade , un piquet armé est commandé pour ce service , et prend également la tête des compagnies.

Les compagnies se partagent dans la nef de l'église, en se plaçant à la droite et à la gauche, et se faisant front , de manière que le milieu de l'église soit libre.

Les officiers, sous-officiers et soldats qui sont sous les armes restent couverts ; ils portent la main à la coiffure au commandement *genou à terre*. Tous les autres doivent être découverts, quelle que soit leur coiffure.

Il est tiré de la garde ou du piquet trois hommes choisis , qui sont posés , un de chaque côté de l'autel , et un en face. .

La garde et les hommes placés à l'autel sont reposés sur les armes jusqu'au moment de l'élévation : alors le commandant de la garde commande , à voix basse, de porter les armes, de les présenter et de mettre le genou droit en terre. Ces mouvemens sont exécutés ainsi qu'il est prescrit dans l'ordonnance.

Pendant l'élévation , les tambours battent aux champs.

Après l'élévation , le commandant de la garde commande de se relever , de porter les armes , et de se reposer sur les armes.

Les hommes placés à l'autel exécutent les mêmes mouvemens que la garde.

Pendant la messe, la musique ne joue que des marches ou autres airs d'un genre grave et analogue à la sainteté du lieu.

L'officier supérieur et les officiers de semaine tiennent la main à ce que les soldats observent la décence convenable pendant le service divin. Les officiers, placés dans le chœur de l'église, en donnent eux-mêmes l'exemple.

Quand la messe est finie, la garde sort la première pour se rendre soit au lieu où elle doit defiler, soit à ses postes, s'il n'y a point de parade. Si c'est un piquet, il est ramené en bon ordre au quartier.

Les compagnies sortent ensuite dans le même ordre qu'elles sont entrées, et, après leur sortie, elles rompent les rangs.

PERMISSIONS.

Le nombre peut en être limité par le Colonel.

345. Le colonel détermine, selon les circonstances, les besoins du service et de l'instruction, le nombre des permissions qui peuvent être accordées, soit pour la totalité, soit pour chaque compagnie.

Permissions pour les Officiers.

Permissions pour la Journée.

346. La dispense des devoirs pour toute la

journée ou partie de la journée, excepté ce qui est prévu par l'article 317, est accordée :

Aux officiers des compagnies, par les capitaines, qui en rendent compte aux chefs-de-bataillon ;

Aux capitaines et aux adjudans-majors, par le chef de leur bataillon, qui en informe le lieutenant-colonel;

Aux aides-majors du corps royal d'état-major, par le lieutenant-colonel, ou, quand ils sont attachés à un bataillon, par le chef-de-bataillon ;

Au trésorier et aux officiers chargés de détails, par le major, qui en prévient le lieutenant-colonel ;

Aux officiers supérieurs, par le colonel : les chefs-de-bataillons et le major sont tenus d'en prévenir le lieutenant-colonel;

Au capitaine et à l'adjudant-major de semaine, par le chef-de-bataillon de semaine; et aux autres officiers de semaine, par cet officier supérieur, sur la proposition de l'adjudant-major. L'exemption du service pendant la journée entière oblige les officiers de semaine à se faire remplacer ; ceux des compagnies doivent en prévenir leur capitaine. Les officiers de semaine ne peuvent obtenir l'exemption de quelques devoirs que pour des motifs urgens et légitimes.

Permissions pour quitter la Garnison.

347. Les permissions de s'absenter de la garnison, qui ne doivent pas excéder deux jours, sont accordées par le commandant du corps aux officiers, jusqu'au grade de lieutenant-colonel inclusivement. Dans une place où il y a un lieutenant de Roi, ces permissions, même celles pour une nuit, sont soumises à son approbation.

Celles de quatre jours peuvent être accordées sur la demande du colonel, approuvée du lieutenant de Roi, par le maréchal-de-camp qui est tenu d'en rendre compte au lieutenant-général.

Celles de huit jours peuvent l'être par le lieutenant-général, sur la demande du colonel, approuvée par le lieutenant de Roi et par le maréchal-de-camp.

Celles de plus de huit jours sont soumises par le lieutenant - général au ministre secrétaire-d'état de la guerre.

Mention au Rapport.

348. Toute permission accordée à un officier pour le service de la journée et au-delà est mentionnée au rapport général des vingt-quatre heures.

Officiers d'une même Compagnie.

349 Les permissions ne peuvent être accordées en même tems au capitaine et au lieutenant d'une compagnie.

Officiers rentrant de permission.

350. Les officiers rentrant de permission se présentent à leur supérieur immédiat et au commandant du corps, qui en fait son rapport au commandant de la place et au général. Quelle qu'ait été la durée de leur absence, ils doivent prendre connaissance des ordres donnés depuis leur départ, et signer le livre pour en justifier.

Officiers en retard de rejoindre.

35r. Les officiers qui n'ont pas rejoint à l'expiration de leur congé ou permission , et qui ne justifient pas de leur retard , sont mis en prison pour autant de jours qu'ils ont manqué à se rendre au corps; il en est rendu compte au maréchal-de-camp, et par celui-ci au lieutenant-général qui en fait le rapport au ministre secrétaire-d'état de la guerre, si la permission a été dépassée de quinze jours.

Permissions pour les Sous-Officiers et Soldats.

Permissions de l'Appel de dix heures et demie , et pour manquer à la soupe.

352. Quand aucun rassemblement ne s'y oppose, les permissions de l'appel de dix heures et demie sont accordées aux sous-officiers , caporaux et soldats par l'officier de semaine; elles peuvent l'être aux caporaux et soldats par le sergent-major, ou, en son absence, par le sergent de semaine. Il en est rendu compte à l'officier de semaine , et par celui-ci à l'adjudant-major de semaine et au capitaine.

Les permissions pour manquer à la soupe peuvent être accordées par le caporal de chambrée.

Permissions d'Appel du soir.

353. Pour une permission d'appel du soir, les

caporaux et soldats s'adressent le matin, avant le rapport, au sergent-major de leur compagnie, qui la demande au capitaine, lequel, d'après la conduite de celui qui la sollicite, juge s'il doit l'accorder ou la refuser. Toutes les permissions d'appel du soir sont mentionnées au rapport.

Ces permissions doivent être signées du capitaine, et contresignées par l'adjudant de semaine. Ceux qui les ont obtenues sont obligés de les rendre eux-mêmes, en rentrant au quartier, au commandant de la garde de police, lequel y inscrit l'heure de leur retour.

Si, dans le courant de la journée, un caporal ou un soldat a besoin d'une permission d'appel du soir qu'il n'ait pu faire demander suivant la règle ordinaire, il s'adresse à son sergent-major qui en fait la demande à l'officier de semaine ; celui-ci est autorisé à l'accorder et à la signer, après s'être assuré qu'elle n'a pu être demandée le matin, et qu'elle a un motif pressant et légitime; il en informe l'adjudant-major de semaine, et le lendemain, au rapport du matin, le sergent-major en rend compte au capitaine.

Permissions permanentes pour le soir aux sous-officiers.

354. Les sous-officiers peuvent sortir pendant une heure après l'appel du soir ; mais à leur rentrée au quartier, ils sont tenus de se présenter au commandant de la garde de police.

Permissions pour découcher sans quitter la Garnison.

355. Les permissions pour découcher sans quitter la garnison sont demandées comme celles de l'appel du soir, accordées par le capitaine et approuvées par le lieutenant-colonel, d'après l'autorisation du colonel.

Permissions pour quitter la Garnison.

356. Les permissions de s'absenter de la garnison sont demandées et accordées comme il est prescrit par l'article 347.

Les caporaux et soldats qui en obtiennent de plus de deux jours versent dix centimes par jour à l'ordinaire, pendant toute la durée desdites permissions ; le surplus de leur solde est versé à leur masse de linge et chaussure.

Les Punitions privent de toute permission pendant la semaine.

357. Tout sous-officier, caporal ou soldat qui a été puni de la salle de discipline, ou de la prison, est privé de toute permission pendant le reste de la semaine et le dimanche qui la suit.

PUNITIONS.

Fautes contre la Discipline.

358. Sont réputés fautes contre la discipline, et punis comme telles, suivant leur gravité, tout mauvais propos toute voie de fait envers un subordonné, toute punition injuste ;

Tout

Tout murmure, tout mauvais propos, ou tout défaut d'obéissance de la part d'un inférieur, quelque raison qu'il croie avoir de se plaindre ; l'infraction des punitions ordonnées ; l'ivresse, pour peu qu'elle trouble l'ordre public ou militaire ; tout dérangement de conduite ; les querelles entre militaires ou avec des citoyens ; le manque aux appels, à l'instruction, aux revues, ou aux inspections ; les contraventions aux ordres et aux règles de police ; enfin toute faute contre le devoir militaire, provenant de négligence, de paresse ou de mauvaise volonté.

Les fautes sont toujours plus graves quand elles sont réitérées ou habituelles, quand elles ont eu lieu pendant la durée du service, ou lorsqu'il s'y joint quelque circonstance déshonorante ou qui entraîne du désordre.

Tout officier, sous-officier ou caporal qui rencontre un inférieur pris de vin, occasionnant du scandale, troublant la tranquillité publique, ou dans une tenue indécente, doit employer son autorité pour le faire rentrer dans l'ordre, et le punir, s'il y a lieu, sous peine d'être puni lui-même.

Impartialité dans les Punitions.

359. Les punitions ne doivent être infligées que par le seul motif d'infraction aux devoirs, et jamais par haine ou par passion. On ne saurait

trop s'attacher à connaître toutes les circonstances qui peuvent atténuer ou aggraver les
fautes, afin que la justice la plus exacte préside
à leur répression ; mais aussi nulle faute, surtout
si elle est publique, ne doit demeurer impunie.

On ne doit jamais, en infligeant une punition,
se permettre des propos outrageans ou avilis-
sans : le calme du supérieur doit faire connaître
qu'il n'écoute que la loi du devoir, et qu'il n'a
d'autre objet que le bien du service.

Punitions des Officiers.

Nature des Punitions.

360. Les punitions à infliger aux officiers pour
les fautes de discipline, sont les arrêts simples,
qui ne peuvent excéder deux mois ; les arrêts
de rigueur, dont la durée ne doit pas outre-
passer un mois ; et la prison, qui ne peut être
que de quinze jours au plus.

Arrêts simples.

361. Tout officier peut être mis aux arrêts
simples par tout autre d'un grade supérieur,
ou même d'un grade égal, si ce dernier est
plus ancien et s'il a le commandement du régiment ou de la légion, du bataillon, de la
compagnie ou du détachement.

Un officier aux arrêts simples est tenu de
garder sa chambre, recevant ou ne recevant

personne, selon qu'il a été ordonné ; il n'est exempt d'aucun service.

Arrêts de rigueur et prison.

362. Les arrêts de rigueur et la prison ne peuvent être ordonnés que par le commandant du régiment ou de la légion. Ils obligent l'officier de remettre son épée, et de payer la sentinelle, si on juge à propos d'en placer une à sa porte. La retenue journalière faite à ce sujet ne peut excéder le cinquième de la solde.

Cette punition suspend de toute fonction militaire, et prive de toute communication verbale.

L'épée d'un officier aux arrêts de rigueur est portée chez le commandant du corps ; celle d'un officier qui est en prison est portée chez le lieutenant de Roi.

Comment sont ordonnées les Punitions.

363. Les arrêts peuvent être ordonnés de vive voix, ou par un billet cacheté ; dans ce dernier cas, le billet est porté par l'adjudant-major de semaine, s'il s'agit d'un officier supérieur, et par l'adjudant de semaine, s'il s'agit de tout autre officier. Ils ne peuvent être signifiés verbalement à l'officier puni que par un officier d'un grade supérieur ou plus ancien.

Compte rendu.

364. Tout officier qui a ordonné les arrêts

à un officier de la même compagnie que lui, en rend compte sur-le champ au capitaine, qui est tenu d'en informer le chef du bataillon; si c'est un officier du même bataillon, sans être de la même compagnie, le compte est rendu au chef du bataillon, qui en fait prévenir le capitaine : dans l'un et l'autre cas, le chef-de-bataillon en instruit le lieutenant-colonel.

Si l'officier puni n'est pas du même bataillon que celui qui a ordonné la punition, le compte est rendu directement au lieutenant-colonel, lequel en fait donner avis au chef-de-bataillon; celui-ci en fait prévenir le capitaine.

Le lieutenant-colonel informe le colonel de toute punition.

Décisions du Colonel.

365. Le commandant du régiment ou de la légion confirme, s'il y a lieu, les punitions infligées aux officiers; il peut les augmenter, en abréger la durée ou les faire cesser, selon qu'il le juge convenable. Dans le dernier cas, il fait sentir, en particulier, à l'officier qui a puni, l'erreur ou l'abus d'autorité qu'il a commis, et le charge de lever lui-même la punition. Si elle a été confirmée, elle cesse sur la demande de celui qui l'a infligée.

Levée des Arrêts.

366. On fait cesser les arrêts en suivant les

formalités dont on s'est servi pour les ordonner,
mais toujours avec l'assentiment du commandant du corps ou du détachement.

Tout officier doit, en sortant dès arrêts où
de prison, se présenter chez celui par l'ordre
duquel il a été puni, et le faire avec la décence convenable, sans quoi la punition lui
sera ordonnée de nouveau.

Fautes pendant les Arrêts.

367. Si un officier aux arrêts commet quelque
faute, tout officier supérieur peut augmenter
la durée de la punition, en se renfermant dans
les bornes prescrites par l'article 360; mais personne, si ce n'est le commandant du régiment
ou de la légion, n'a le droit de changer les
arrêts simples en arrêts de rigueur, ni ceux-ci
en la prison.

Major et autres Officiers de l'État-major.

368. Le major peut être puni par le colonel
et par le lieutenant-colonel, ou par un chef-de-
bataillon qui commanderait le corps, et qui serait
plus ancien. Si l'intendant ou le sous-intendant
militaire avait une punition à lui imposer, il la
demanderait au colonel, qui serait tenu de l'ordonner et de la faire subir : l'intendant ou le sous-
intendant militaire et le colonel en rendraient
compte au général.

Les punitions à infliger aux adjudans-majors, aux aides-majors du corps royal d'état-major, au trésorier, à l'officier d'habillement et aux chirurgiens-majors, en ce qui concerne leur service, sont prononcées par les officiers supérieurs; pour le reste, elles le sont par tout supérieur en grade, conformément aux principes de la subordination. Pour des faits particuliers à l'administration, le trésorier et l'officier d'habillement peuvent encore être punis sur la demande de l'intendant ou du sous-intendant militaire. Il en est de même des chirurgiens, en ce qui concerne leur service aux hôpitaux.

Compte rendu par le Colonel aux Généraux et aux Lieutenans de Roi.

369. Le commandant du corps doit rendre compte de toutes les punitions, même des arrêts simples, à l'officier général sous les ordres duquel il se trouve immédiatement ; le général peut confirmer ou modifier, selon qu'il le juge convenable, la punition des arrêts de rigueur et celle de la prison. Le commandant du corps est aussi tenu de faire au lieutenant de Roi le rapport des punitions mentionné dans l'article 3.

Punitions infligées par les Lieutenans de Roi et les Généraux.

370. Tout officier qui n'est pas officier supérieur peut être mis aux arrêts et en prison par le lieutenant de Roi.

Les arrêts simples peuvent être ordonnés aux colonels et officiers supérieurs par tout lieutenant de Roi, assimilé par sa classe au grade égal ou supérieur au leur ; les arrêts forcés , à tout officier supérieur d'un grade inférieur au sien , d'après l'assimilation.

Le lieutenant de Roi rend compte au général commandant des punitions par lui infligees , et il prévient chaque commandant de corps de celles concernant ses subordonnés. Il provoque auprès du général les punitions qu'il ne serait pas en droit de prononcer. Le général peut confirmer ou modifier les punitions des arrêts de rigueur et de la prison ordonnees par le lieutenant de Roi.

Les arrêts simples , les arrêts de rigueur et la prison peuvent être ordonnés à tout officier , de quelque grade qu'il soit , par tout officier général, lequel en informe le commandant du corps, s'il ne l'a pas chargé d'infliger la punition , ou si elle ne le concerne pas. Les maréchaux-de camp rendent compte au lieutenant-général, qui peut confirmer ou modifier la punition de la prison. Dans tous les cas, le lieutenant-général rend compte de cette dernière punition au ministre , quand il n'existe pas d'autorité intermédiaire.

Punitions des Sous-Officiers.

Causes et Espèces des Punitions.

371. Pour les fautes de tenue, soit person-
nelles, soit relatives à leur troupe, les sous-officiers sont punis de la consigne au quartier ou
dans leur chambre, pendant un mois au plus.

Pour les fautes contre la police ou la discipline intérieure, ils sont punis, selon qu'elles
sont plus ou moins graves, de la salle de police
pendant un mois, ou de la prison pendant quinze
jours, avec réduction au pain et a l'eau, si le cas
l'exige, durant tout le tems de la punition, ou
seulement une partie, en observant néanmoins
que, sur quatre jours, il y en ait deux de subsistances ordinaires.

Pour les fautes plus graves, entre autres celles
relatives à leurs devoirs de commandant de la
garde de police, ils sont punis du cachot pendant
quatre jours, dont deux au pain et à l'eau.

Enfin, lorsque la gravité de la faute l'exige,
les sous-officiers peuvent être suspendus de leurs
fonctions pendant un tems déterminé, et obligés
au service du grade inférieur au leur durant
cette suspension ; ils peuvent aussi être condamnés à descendre d'un ou de plusieurs grades, ou
même être cassés provisoirement et assujettis au
service de soldat : dans tous les cas, les adjudans

ne rétrogradent pas au-delà du grade et des fonctions de sergent.

Par qui sont ordonnées les Punitions.

372. La consigne à la chambre, la consigne au quartier et la salle de police peuvent être ordonnées aux sous-officiers par tous
ceux revêtus d'un grade supérieur au leur.
Le capitaine de la compagnie peut de plus,
ainsi que les officiers superieurs, ajouter à
la punition de la salle de police la privation
de l'ordinaire, pendant le tems permis par
l'article precedent.

La prison ne peut être ordonnée que par
les officiers superieurs, par les capitaines et
les adjudans-majors, pour tous les sous-officiers du corps, et par les lieutenans et sous-
lieutenans pour les sous-officiers de leur compagnie lorsqu'ils la commandent.

Le cachot ne peut l'être que par le commandant du corps.

Les punitions à infliger aux sous-officiers
de l'état-major sont prononcées, pour ce qui
regarde leur service respectif, par les officiers
qui en ont la direction. Pour le reste, elles
le sont par tout supérieur en grade, conformément aux principes de la subordination.

Consignés.

373. Les sous-officiers consignés ne sont dis-

pensés d'aucun service tant intérieur qu'extérieur. Lorsqu'ils doivent y vaquer, ils en préviennent l'adjudant de semaine, et reprennent
leur punition aussitôt après.

Salle dé police, Prison et Cachot.

374. Tout service intérieur et extérieur est
interdit aux sous-officiers à la salle de police;
mais ils sont exercés dans les rangs des classes
d'instruction que l'adjudant-major de semaine
leur assigne. Ils y sont en bonnet de police et
avec les marques distinctives de leur grade.
Ils se font apporter leurs vivres de leur ordinaire.

En prison ou au cachot, ils sont en veste, en
bonnet de police et en capote, et ils ne sont appelés à aucune espèce de service.

Marques distinctives conservées.

375. Les sous-officiers suspendus de leurs
fonctions pour un tems limité conservent les
marques distinctives de leur grade.

Punition des Caporaux et Soldats.

Causes et Espèces des Punitions.

376. Les caporaux et les soldats sont punis :
Pour manque aux appels de la journée, pour
les fautes légères de chambrée ou de tenue,
ou contre l'immobilité sous les armes ou à
l'instruction, par la consigne au quartier ; les

soldats peuvent l'être aussi par une ou plusieurs corvées ;

Pour les fautes contre la propreté personnelle, ou pour négligence dans l'entretien des effets, par un ou plusieurs jours d'inspection avec la garde ;

Pour manque à l'appel du soir, pour mauvais propos, désobéissance, querelle, ivresse, etc., par la salle de police simple, ou avec réduction au pain et à l'eau ;

Enfin, pour des cas plus graves, par la prison, ou même par le cachot, avec condamnation au pain et à l'eau, selon qu'il y a lieu. Les caporaux peuvent en outre être suspendus de leurs fonctions ou cassés, ainsi qu'il est dit pour les sous-officiers à l'article 371.

Il ne peut être infligé au-delà de quinze jours de prison, ni plus de quatre jours de cachot. La réduction au pain et à l'eau ne doit avoir lieu qu'en observant ce qui est prescrit à l'article 371.

Tout homme légèrement pris de boisson, et qui ne trouble pas l'ordre et la tranquillité, est seulement consigné au quartier jusqu'au soir.

Quand le travail des ateliers est pressé, le retard des ouvriers du corps, soit à se trouver à l'appel du soir, soit à rentrer à l'heure fixée par leur permission, au lieu d'être puni de la détention, est puni d'une amende de *quinze centimes* par chaque quart-d'heure. Cette retenue, exercée au profit de l'ordinaire, est payée tous les samedis par les soins de l'officier d'habillement, sur le bon du sergent-major, visé par l'adjudant de semaine, d'après vérification du registre de la garde de police.

Les soldats qui, sans avoir commis de délits qui les rendent justiciables des conseils de guerre, persévèrent néanmoins, par des fautes et contraventions qui ne peuvent plus être réprimées par les peines de simple discipline, à porter le trouble et le mauvais exemple dans le régiment ou la légion, sont désignés au ministre secrétaire-d'état de la guerre, pour être incorporés dans les *compagnies de discipline.*

Par qui sont ordonnées les Punitions.

377. Les corvées, la consigne au quartier, l'inspection avec la garde, les différentes classes d'instruction, la salle de police, peuvent être ordonnées par les autorités de tout grade.

La salle de police avec condamnation au pain et à l'eau, et la prison, peuvent l'être par les officiers de la compagnie, par tout capitaine, par les adjudans-majors et par les officiers supérieurs.

Le cachot ne peut l'être que par le commandant du corps ou du détachement.

L'envoi aux compagnies de discipline est prononcé par le ministre secrétaire-d'état de la
guerre, sur la proposition d'un conseil de discipline, et après les formalités détaillées dans
l'article 380.

Consignés.

378. Les caporaux consignés sont désignés à la
garde de police ; les soldats consignés portent
une guêtre noire à la jambe gauche, ayant une
guêtre différente ou un bas à la jambe droite :
les uns et les autres ne sont dispensés d'aucune
espèce de service. Ils ne peuvent sortir qu'avec
l'assentiment de l'adjudant de semaine, et sous
l'escorte d'un sous-officier, si c'est un caporal,
d'un caporal, si c'est un soldat.

Salle de Police, Prison et Cachot.

379. Les caporaux ou soldats détenus à la
salle de police, en prison ou au cachot, y sont
en bonnet de police, veste et capote.

Punis de la salle de police, ils sont exercés
tous les jours à telle classe d'instruction que juge
à propos l'adjudant-major de semaine; les soldats sont de plus employés à toutes les corvées
du quartier. Les uns et les autres ne sont dispensés d'aucun service ; ils reprennent leur punition au retour, ce dont les sous-officiers et caporaux de semaine restent responsables.

Les caporaux et soldats, en prison ou au cachot, ne font pas de service.

A la salle de police, en prison ou au cachot, ils subissent chaque jour, au profit de l'ordinaire, une retenue sur leur solde, savoir, les caporaux, de *dix centimes*, les soldats, de *cinq centimes*, pendant toute la durée de leur punition ; mais les jours où ils doivent être au pain et à l'eau, il leur est fourni une double ration de pain aux frais de l'ordinaire.

Envoi aux Compagnies de Discipline.

380. Lorsqu'un capitaine juge qu'un soldat de sa compagnie se trouve dans le cas d'être envoyé dans une des compagnies de discipline, d'après les dispositions des articles 376 et 77, il en fait son rapport par écrit au chef de son bataillon, en relatant les fautes ou contraventions du soldat, les peines de simple discipline qui lui ont été infligées, et les récidives qui donnent à sa conduite habituelle un caractère de persévérance dangereux pour l'ordre et la police du corps.

Le rapport, visé par le chef-de-bataillon, est adressé au commandant du régiment ou de la légion, qui convoque un conseil de discipline composé d'un chef-de-bataillon, des trois plus anciens capitaines et des trois plus anciens lieutenans du corps, pris hors du bataillon auquel appartient le militaire inculpé.

Le chef et l'adjudant-major du bataillon, ainsi

que le capitaine de la compagnie du militaire sont consultés, et lorsqu'ils se sont retirés, ce dernier est entendu dans ses défenses. Le conseil rédige ensuite son avis motivé, qui est remis au chef du corps, et transmis par lui, avec son opinion particulière, au maréchal-de-camp sous les ordres duquel se trouve le régiment ou la légion; le maréchal-de-camp l'adresse, avec son avis, au général commandant la division, qui transmet au ministre secrétaire-d'état de la guerre toutes les pièces, avec ses observations. Le ministre prononce et fait connaître sa décision par l'intermédiaire du général commandant la division.

Dispositions communes aux Punitions des Sous-Officiers, Caporaux et Soldats.

Compte à rendre des Punitions. — Élargissemens.

381. Tout officier ou sous-officier est tenu de rendre compte, le plutôt possible, au grade immédiatement supérieur, des punitions qu'il a ordonnées. Elles sont détaillées sur la feuille du rapport général de chaque jour. Le commandant du corps ou du détachement peut les restreindre, les infirmer ou les augmenter.

Lorsque des officiers ou sous-officiers d'état-major punissent un sous-officier, un caporal ou un soldat appartenant à une compagnie, ils doivent en faire prévenir le capitaine par un sous-officier.

Les officiers des compagnies qui punissent un homme d'une autre compagnie en informent son capitaine ; les sous-officiers et caporaux en informent le sergent-major.

La marche tracée pour les comptes à rendre des punitions doit être observée pour demander l'élargissement des hommes punis. Ces demandes, faites par ceux qui ont ordonné les punitions, sont insérées au rapport journalier, et le commandant du corps statue. -

Punitions dans les Camps et Cantonnemens.

382. Les punitions, tant des officiers que des sous-officiers, caporaux et soldats, indiquées ci-dessus pour les garnisons, sont les mêmes pour les cantonnemens, et elles sont analogues pour les camps : ainsi les corvées du quartier sont celles du camp, les arrêts dans la chambre ont lieu dans la tente ou baraque ; la salle de police est la garde de police ; la prison celle du lieu ou du quartier-général.

Formes pour suspendre et pour casser des Sous-Officiers et des Caporaux.

Par qui ces Punitions sont prononcées.

383. Le colonel, ou en son absence, le commandant du corps, suspend de leurs fonctions, pour

pour un tems déterminé, les sous-officiers,
fourriers et caporaux, sur la proposition, soit
du capitaine, soit du chef-de-bataillon, ou sur
celle du major, si les motifs concernent l'administration. Ce pouvoir appartient encore à tout
commandant de bataillon, de compagnie ou de
détachement s'administrant soi-même.

A moins de circonstances *majeures et ino-*
pinées, le colonel ne fait descendre à un grade
inférieur, ou ne casse provisoirement un sous-
officier ou un caporal, pour le remettre simple
soldat, que sur la proposition du capitaine,
l'avis du chef-de-bataillon et celui du lieutenant-
colonel; l'avis du major remplace celui du lieutenant-colonel, si les motifs concernent l'administration. Cette dernière punition, qui porte
atteinte à toute la carrière militaire des individus,
ne doit s'employer qu'avec la plus grande cir-
conspection, et pour des cas très-graves, ou
l'incorrigibilité bien reconnue ; elle est toujours
l'objet d'un rapport motivé du colonel au maréchal-de-camp. A ce rapport, doit être jointe
copie de la plainte du capitaine et de l'avis
indispensable des deux officiers supérieurs qui
ont déterminé le colonel à prononcer et à faire
exécuter la punition. Le colonel soumet au
lieutenant-général inspecteur-général, lors de sa
tournée, le rapport et les pièces à l'appui : l'ins-

pecteur-général confirme ou annule la punition, ayant préalablement pris l'avis du maréchal-de-camp commandant.

Le colonel ne fait descendre un adjudant au grade de sergent-major ou de sergent que sur le rapport de l'adjudant-major, approuvé par le chef du bataillon et par le lieutenant-colonel. La punition n'est définitive qu'après l'approbation de l'inspecteur-général.

Les sous-officiers et caporaux membres de la légion d'honneur ne peuvent être cassés que d'après l'autorisation du ministre de la guerre, sur la proposition de l'inspecteur-général ; jusque-là, ils peuvent être suspendus de leurs fonctions.

Comment elles sont exécutées.

384. Les suspensions se mettent à l'ordre, ainsi que les cassations ; mais quand celles-ci sont définitives, elles sont prononcées en présence de la troupe, d'une manière analogue aux réceptious.

Quand un sous-officier ou caporal descend à un grade inférieur, l'ordre annonce seulement qu'il remettra ses galons, et il ne paraît pas devant la troupe.

Pour être cassé, il y paraît sans être décoré.

Tout sous-officier ou caporal cassé définiti-

vement passe dans une autre compagnie ; il y
prend son rang d'ancienneté.

Les sous-officiers ou caporaux suspendus de
leurs fonctions, et ceux cassés provisoirement,
continuent à recevoir leur solde.

A moins que, d'après les dispositions de l'art.
411, le colonel n'en décide autrement, les sous-
officiers suspendus vivent à leur ordinaire accoutumé ; ceux cassés provisoirement vivent
seuls, et tirent leur subsistance du même
ordinaire.

RÉCLAMATIONS.

Réclamations par suite de Punitions.

385. Comme il peut arriver que des rapports
inexacts, des informations mal prises, ou des motifs particuliers étrangers au service, dictent des
punitions injustes ou trop sévères, les réclamations qui peuvent être portées sont admises
de la manière suivante :

Tout officier, sous-officier, caporal ou soldat,
recevant l'ordre d'une punition, doit d'abord
s'y soumettre ; ensuite il peut adresser sa réclamation à l'officier ou au sous-officier immédiatement supérieur à celui qui l'a puni, pour
qu'elle soit transmise, de grade en grade, jusqu'à l'autorité qui doit juger si elle est à admettre ou à rejeter : cette autorité est, à l'égard

des sous-officiers, caporaux et soldats, le capitaine de la compagnie ; à l'égard des officiers,
le chef-de-bataillon ou le lieutenant-colonel,
ou le major, si c'est pour objet d'administration. Si la réclamation est admise, et si la
punition doit être levée ou abrégée, le commandant du corps prononce.

_ Cette marche hiérarchique pouvant apporter
du retard dans l'effet des réclamations qu'on se
croit fondé à présenter, tout militaire puni a
encore la faculté de s'adresser directement au
capitaine de la compagnie, et, dans un cas
extraordinaire ou important, au chef-de-bataillon, au major, si c'est pour objet d'administration, au lieutenant-colonel, et même au
colonel.

Les réclamations relatives aux punitions de
fautes commises pendant le service doivent être
adressées de préférence aux adjudans, aux adjudans-majors et aux officiers supérieurs de semaine.

En aucun cas, un homme dans l'état d'ivresse
ne peut être entendu.

S'il est du devoir des officiers et des sous-officiers d'écouter avec bonté les réclamations qui
leur sont portées, et d'y faire droit, après en
avoir reconnu la légitimité, ils doivent prolon-
ger du double la punition contre laquelle on aurait réclamé sans de justes motifs.

L'officier ou le sous-officier qui aurait puni mal à propos est puni lui-même suivant l'exigence du cas.

Réclamations relatives à des Effets d'habillement ou autres.

386. Quand un sous-officier, caporal ou soldat croit avoir droit de se plaindre de la qualité d'un effet qui lui a été donné, soit à son compte, soit à celui du corps, il doit s'empresser de le présenter à son capitaine pour se faire rendre justice, et même aux officiers supérieurs, s'il y a lieu, notamment au major.

Momens indiqués pour s'adresser au Colonel.

387. Tout sous-officier, caporal ou soldat qui aurait à faire une réclamation au colonel, ou à lui parler pour un autre objet, doit, autant que possible, saisir pour cela le moment qui suit ses inspections ou ses visites de chambrées, et s'adresser préalablement à l'adjudant qui est près de lui dans ces instans. Si, pour des raisons particulières, il est nécessaire de l'entretenir chez lui, ce doit être après la parade, et le réclamant est accompagné d'un sous-officier à son choix.

Réclamations aux Généraux et aux Intendans militaires.

388. Les officiers de tout grade, les sous-officiers, caporaux et soldats peuvent adresser des réclamations, par écrit, aux généraux sous les ordres desquels se trouve le corps, et aux inten-

dans militaires pour ce qui concerne l'administration. Toutefois ils ne peuvent s'adresser aux
officiers-généraux, ni aux intendans ou sous-intendans militaires qu'après avoir réclamé auprès
du colonel, à moins que la réclamation ne le
concerne personnellement. Si la plainte n'est pas
fondée, celui qui l'a formée est puni sévère-
ment.

ASSIETTE DU LOGEMENT.
CASERNEMENT.

Par qui les Détails en sont suivis.

389. Le major dirige l'assiette du logement, et
le casernement. Le porte-drapeau est chargé,
sous ses ordres, d'en suivre tous les détails. Cet
officier est secondé, s'il est nécessaire, par un
sous-officier intelligent. L'adjudant de semaine
veille à l'exécution des ordres donnés à cet égard
par le porte-drapeau, qui doit l'en prévenir. Les
fourriers et les chefs de chambrées sont tenus de
s'y conformer.

Premières Dispositions à l'Arrivée dans une Garnison.

390. En arrivant dans une garnison, le porte-
drapeau reçoit de l'adjudant-major qui a devancé
la troupe les premiers renseignemens sur l'établissement du corps ; dès-lors c'est à lui qu'il appartient de faire toutes les démarches et toutes
les dispositions nécessaires pour l'effectuer.

Logement des Compagnies.

391. Soit que le corps, ou chacun de ses bataillons, occupe des casernes ou des bâtimens séparés, soit qu'il loge chez l'habitant, le logement doit toujours être assis selon l'ordre de bataille des bataillons entre eux; dans les bataillons, selon le rang des compagnies, et dans celles-ci, selon le rang des sections, subdivisions et escouades.

En cas de changement dans l'ordre de bataille, celui qui en résulte dans l'assiette du logement ne peut se faire qu'à l'époque du premier avril de chaque année, à moins que le corps ou l'un des bataillons ne vienne à changer de garnison ou de quartier. Ce changement dans le logement n'a cependant lieu qu'autant que le colonel le juge nécessaire et qu'il l'ordonne.

Les caporaux logent avec les hommes de leur escouade.

Le plus ancien tambour ou cornet loge dans la première escouade, le moins ancien dans la cinquième.

Le sergent-major et le fourrier logent ensemble dans une chambre particulière, située, autant que possible, au centre de la compagnie. Ces deux sous-officiers peuvent, si les localités le permettent, avoir chacun une chambre.

Les sergens de chaque compagnie logent ensemble dans une chambre séparée, autant que possible.

Dans les casernes, les escaliers et corridors sont marqués des lettres ou numéros des bataillons et compagnies ; les chambres sont numérotées selon leur rang dans les corridors. Le fourrier place sur la porte de chaque chambre les noms de ceux qui l'occupent.

Logement des Sous-Officiers et Hommes de l'Etat-Major.

392. Les adjudans ont chacun une chambre, et à portée de leur bataillon, quand cela est possible ; sinon ils logent ensemble.

Le tambour-major et le maître de musique ont aussi chacun une chambre, si cela se peut ; dans le cas contraire, ils logent ensemble.

Les caporaux-tambours logent séparément, et à portée de leur bataillon, quand les localités le permettent ; autrement ils logent par deux, ou tous ensemble, et, autant que possible, à portée du tambour-major.

Les musiciens logent ensemble dans une ou plusieurs chambres, selon leur nombre et les localités, et à portée du maître de musique.

Le vaguemestre loge seul, et toujours au quartier où se trouve l'état-major.

Les maîtres-ouvriers doivent être logés dans leurs ateliers ; si le local ne le permet pas, ils en sont logés le plus près possible,

Tableau des Logemens.

393. Dès que le corps est établi, le porte-drapeau remet au colonel un état général des logemens, visé par le major, à qui il en donne le double : cet état indique le logement particulier de chaque officier, celui de chaque bataillon, de chaque compagnie, et celui du petit état-major. Il leur fait connaître successivement les changemens qui ont lieu.

Chaque capitaine remet le même état, pour sa compagnie, à son chef de bataillon.

Procès-Verbal de l'État des Lieux.

394. C'est au porte-drapeau, chargé du casernement, à constater, avec le conservateur des bâtimens militaires, en présence de l'intendant ou sous-intendant militaire, ou du maire, et avant l'occupation, l'état du quartier que le régiment ou la légion doit occuper; le major en signe le procès-verbal ainsi que lui.

État, par Compagnie, des Objets de Casernement.

395. Le porte-drapeau dresse ensuite, ou fait dresser, par le fourrier de chaque compagnie, l'état exact de toutes les fournitures, tables, bancs, etc., que chaque chambre contient. Cet état est vérifié et arrêté par le capitaine.

Registres et Bons de Fournitures de Casernement.

396. Il tient un registre sur lequel il inscrit

tous les objets de casernement délivrés à chaque
compagnie et à l'état-major. Il reçoit les bons que
donnent les capitaines pour ce qui concerne les
compagnies, fait lui-même un bon général pour
les grand et petit états-majors, et soumet les uns
et les autres à l'approbation du major, qui vérifie et arrête le registre tous les trois mois.

Échange des draps de lit.

397. Il a soin de faire changer les draps de
lit aux époques fixées par les règlemens, savoir:
tous les vingt jours en été, et tous les mois en
hiver.

Visite générale tous les mois:

398. Tous les mois, il fait une visite générale
des fournitures de casernement, prescrit, sous
l'autorisation du major, les réparations et remplacemens des objets détériorés ou perdus, et
ce au compte de qui de droit.

Nettoyage des cheminées.

399. Il veille à ce que les cheminées soient
nettoyées aussi fréquemment qu'il est nécessaire.

Remise du casernement au départ du corps.

400. La veille du départ, dès le matin, le
porte-drapeau fait rendre par les fourriers les
fournitures de lits. Les chambres, corridors,
escaliers et cours des quartiers sont mis dans
l'état où ils doivent être rendus, sans quoi les

frais qui en résultent sont au compte des compagnies, de même que les dégradations du fait de la troupe qui n'auraient pas encore été réparées. Ensuite le porte-drapeau procède, de concert avec le préposé au casernement, en présence de l'intendant ou sous-intendant militaire ou du maire, s'il y a lieu, à l'estimation des réparations, tant à la charge du corps qu'à celle du gouvernement. Le lendemain, dès que la troupe est assemblée, il fait la remise du quartier.

Si des contestations retardent cette remise au-delà du moment du départ, le commandant du corps fait porter, ce jour-là, le drapeau par le plus ancien sergent-major.

TABLES.
Tables des Officiers.

401. Le lieutenant-colonel est responsable, envers le colonel, de la frugalité des tables des officiers, de l'économie que l'on doit y mettre, du prix des auberges ou pensions, qui doit toujours être réglé en raison des facultés des moins aisés, et de l'exactitude des paiemens, qui doivent avoir lieu régulièrement tous les mois, afin de prévenir toute occasion de dérangement. Il règle, dans le même esprit d'économie, les abonnemens au théâtre et autres dépenses générales.

Il n'est point permis aux officiers de manger

isolément, si ce n'est à ceux qui sont mariés et dont la famille est au corps.

Les officiers supérieurs vivent ensemble ; les capitaines et les adjudans-majors forment une table ; les lieutenans et les sous-lieutenans une autre.

Pendant le tems des semestres, les officiers supérieurs qui passent l'hiver au corps peuvent manger avec les capitaines.

Lorsque le petit nombre des officiers présens aux drapeaux ou à un détachement les engage à vivre tous ensemble, c'est toujours sur les facultés du moins élevé en grade que se règlent les dépenses.

Tables des Sous-Officiers.

Formation des Tables.

402. Les adjudans et les sergens-majors vivent ensemble, dans une ou plusieurs pensions dont le prix est proportionné à leurs facultés. Les sergens et fourriers vivent également ensemble.

Les sous-officiers peuvent, avec l'autorisation du lieutenant-colonel, se choisir des cuisiniers parmi les soldats, en les payant, et du consentement des commandans des compagnies auxquelles ces hommes appartiennent. Ils peuvent encore prendre des personnes étrangères au corps, pourvu que ce soient des hommes ou des femmes âgées.

En Détachement.

403. En détachement, quand les sous-officiers ne peuvent vivre séparément, ils vivent à l'ordinaire des chambrées, en donnant par jour *sept centimes et demi* de plus que le soldat, moyennant quoi, il leur est mis de la soupe à part, et ils sont exempts de toute corvée de l'ordinaire.

Surveillance des Adjudans.

404. Les adjudans surveillent et dirigent, sous les adjudans-majors, tout ce qui regarde les tables des sous-officiers, et exigent que les dépenses en soient régulièrement payées.

DETTES.
Dettes des Officiers.

Surveillance du Lieutenant-Colonel.

405. Le lieutenant-colonel tient exactement la main à ce qu'aucun officier ne se livre à des dépenses qui le mettent dans le cas de contracter des dettes. Il signale au colonel ceux qui auraient l'habitude d'en faire, et il surveille particulièrement, sous ce rapport, la conduite de ceux qui ont le goût du jeu.

Les Officiers supérieurs doivent l'exemple.

406. Les officiers supérieurs doivent donner, sur tous les objets de dépense habituelle, l'exem-

ple de l'ordre et de l'économie, et l'exiger rigou-
reusement des subordonnés, leur conduite
devant nécessairement influer sur celle des
autres officiers, et préparer le bon esprit qui
doit les diriger en toute circonstance.

Retenues sur la Solde:

407. Les dettes des officiers, et de préférence
celles qui ont pour objet leur subsistance, leur
logement, leur habillement, ou d'autres fournitures relatives à leur état ou à leur service, peuvent être payées au moyen d'une retenue sur
leurs appointemens, laquelle est autorisée par les
lois et règlemens antérieurs, jusqu'à concurrence
du cinquième de leur solde proprement dite, non
compris les indemnités de toute espèce et les gratifications d'entrée en campagne.

Ces retenues peuvent être ordonnées par le
colonel, jusqu'à parfait paiement, sur l'avis du
lieutenant-colonel et la représentation des titres,
mémoires débattus, arrêtés de compte ou billets
constatant la légitimité des créances, en marge
ou au dos desquels le lieutenant-colonel inscrit
les termes et délais fixés pour le paiement; les
acquits sont remis, pour comptant, aux officiers
par le trésorier. Les retenues ont lieu de plein
droit, quand elles sont ordonnées par le ministre, ou requises en vertu d'oppositions ou saisies
juridiques. Elles n'excluent, dans aucun cas,

l'action des créanciers sur les autres biens meubles et immeubles de leurs débiteurs, suivant la règle et les formes établies par les lois.

Poursuites judiciaires.

408. Les actions en recouvrement de créances sont du ressort des magistrats civils; les officiers ni les juges militaires ne peuvent en prendre connaissance, si ce n'est à l'armée et hors du royaume; ils ne peuvent non plus apporter aucun obstacle, soit à la poursuite, soit à l'exécution du jugement.

Les armes, chevaux, livres, instrumens d'étude, les effets d'habillement et d'équipement, dont les règlemens prescrivent que les officiers soient pourvus, ne peuvent être saisis ni vendus au profit des créanciers.

Démission en cas de non paiement.

409. Tout officier qui, s'étant laissé poursuivre judiciairement pour dettes contractées par billets, lettres-de-change, obligations, ou mémoires arrêtés par lui, aura été condamné par jugement définitif, ne pourra rester au service, si, dans le délai de deux mois, il ne satisfait pas à ses engagemens : dans ce cas, le jugement porté contre lui équivaudra, après ce délai, à une démission précise de son emploi.

Dettes des Sous-Officiers, Caporaux et Soldats.

Vigilance des Officiers.

410. Les officiers, et surtout les commandans des compagnies, doivent employer une grande vigilance à empêcher leurs sous-officiers, caporaux et soldats de faire des dettes. Ceux qui en contractent sont punis avec sévérité, suivant l'exigence du cas.

Dettes des Sous-Officiers.

411. Celles des sous-officiers sont, autant que possible, payées au moyen de retenues sur leur solde, suivant les principes établis ci-dessus pour les officiers, encore bien que leurs créanciers puissent être privés de ce recours, si elles ont été contractées sans l'approbation du commandant de leur compagnie.

Quand de pareilles retenues sont ordonnées, le colonel peut prescrire que les sous-officiers qui doivent les subir vivent séparément, et tirent leur subsistance de l'un des ordinaires de la compagnie, en y versant *sept centimes et demi* de plus que le soldat.

Dettes des Caporaux et Soldats.

412. Quant aux caporaux et soldats, il leur est interdit de contracter, sous quelque prétexte que ce soit, aucune espèce d'emprunt,

dette

dette ou engagement, sans l'approbation du
commandant de la compagnie, qui, dans ce
cas, en est responsable : hors cette seule exception, le créancier est sans recours sur leur solde.
C'est aux habitans, prévenus de ces dispositions
par les bans publiés à l'arrivée de la troupe,
à ne pas s'exposer à des pertes, et à ne pas
contribuer au dérangement des militaires par
une blâmable facilité.

Les adjudans sont chargés de faire informer
plus particulièrement de ces dispositions les
maîtres des auberges fréquentées par les soldats.

Poursuites judiciaires.

413. Les principes établis à l'article 408 ci-
dessus, à l'égard des poursuites civiles en recouvrement des créances, sont applicables à
celles contractées par les sous-officiers, caporaux et soldats.

ROUTES DANS L'INTÉRIEUR.

Dispositions préliminaires.

Promenades militaires.

414. Pour disposer les hommes à la route,
on fait le sixième, le quatrième et le deuxième
jour avant le départ, des promenades militaires
avec armes et bagages, le sac contenant tous
les effets dont le soldat doit être muni conformément aux règlemens.

14

Adjudant-Major partant avant le Corps.

415. Deux ou trois jours avant que le régiment ou la légion se mette en route, celui des adjudans-majors dont le tour de semaine est le plus éloigné, part pour faire, dans chaque gîte, les dispositions suivantes :

1º. Il se présente, à son arrivée, chez les officiers-généraux employés, chez le lieutenant de Roi, le sous-intendant militaire et le maire, et remet aux trois derniers une situation numérique, conforme à celle établie sur la feuille de route ;

2º. Il fait préparer le logement de manière à ce que tous les officiers, sous-officiers et soldats de la même compagnie soient logés, autant que possible, dans la même rue ou le même quartier; et les chefs d'ordinaire, dans des maisons où la soupe puisse se faire et se manger commodément et à l'avantage du soldat;

3º. Il invite le maire de chaque endroit à ne délivrer des billets de logement que pour les habitans présens dans leur domicile ;

4º. Il fait préparer les denrées nécessaires pour la consommation du corps, et il passe à cet effet, en présence de l'intendant ou sous-intendant militaire et du maire, des marchés pour la viande et le pain de soupe, en se conformant aux règlemens sur ces objets; les marchés pour les subsistances doivent toujours exprimer que les distributions se feront par escouade, et, autant que possible, dans chaque cantonnement, si le corps est divisé;

5º. Il demande les voitures nécessaires pour le transport des équipages, et dont le nombre est fixé par les règlemens;

6º. Avant son départ de chaque gîte, il laisse à la mairie, pour le major, une lettre par laquelle il l'informe des mesures prises pour le logement, et à laquelle il joint les marchés passés pour les subsistances.

Si quelque partie de la troupe doit être détachée en arrière ou sur les côtés du lieu d'étape, il prend les mesures nécessaires pour que le commandant du corps en soit prévenu au gîte précédent. Il lui indique en même tems les points où les détachemens doivent se séparer du corps, et ceux où ils peuvent rejoindre le lendemain.

Lorsque le corps doit faire séjour, il attend le trésorier pour prendre connaissance des mutations survenues, et pour être relevé, si son tour de service de semaine est revenu : toutefois le colonel est libre de le continuer dans sa mission.

Tenue.

416. L'ordre du jour de l'avant-veille du départ prescrit la tenue pour la route. Dès le moment du départ et jusqu'au lendemain de l'arrivée à la destination, les officiers, excepté l'adjudant-major de semaine, sont libres d'être, après leur dîner, en tenue du matin, et de vaquer ainsi à leurs devoirs, à moins qu'il n'en soit autrement ordonné à raison de circonstances particulières, telles que passage dans une grande ville, etc.

Objets à remettre au Magasin du Corps. — Contrôles et États pour la route.

417. Les armes qui ne sont pas distribuées sont remises au magasin, pour être placées dans les caisses d'armes.

Les effets qui ne doivent point entrer dans le sac, et qu'on permet de conserver, sont réunis en un paquet par chambrée ; on en fait ensuite, par compagnie, un ballot dans lequel on renferme aussi les effets qui appartiennent à la compagnie en général. Ce ballot est ficelé, étiqueté et mis au magasin, où il en est pris note.

Chaque sergent-major remet chez l'officier d'habillement, dans une caisse préparée à cet effet, ses livres et papiers de comptabilité, de même que tous les livres de théorie, le tout ficelé et étiqueté par compagnie ; il ne conserve qu'un cahier portatif contenant les deux contrôles de la compagnie, l'un par ancienneté, l'autre par rang de bataille, selon la formation des sections, subdivisions et escouades, et par camarades de lit ; cahier où il inscrit en outre les mouvemens, le prêt, les distributions quelconques. Il a soin de préparer d'avance les états qui peuvent lui être demandés pendant la route, tels que feuilles d'appel, de linge et chaussure, de grand et petit équipement, etc.

Soins des Capitaines pour la Chaussure.

418. Les capitaines doivent s'assurer par euxmêmes du bon état de la chaussure, et faire réparer, avant le départ, toute celle qui a besoin de l'être, chaque homme devant avoir, autant que possible, au moins une paire de bons souliers

dans le sac, outre ceux qu'il a aux pieds. Les souliers neufs ou réparés doivent avoir été portés au moins une fois pour les essayer.

Logement et Avant-Garde.

Composition et Départ du Logement.

419. Le logement, composé de l'adjudant de semaine et des caporaux-fourriers ayant avec eux chacun un soldat, et d'une moitié de la garde montante, part une heure avant le corps, c'est-à-dire *au premier.*

Le capitaine de semaine part avec le logement, et le commande pendant la marche.

Le trésorier ou son suppléant part aussi avec le logement.

Détails à son arrivée.

420. Dès son arrivée, le trésorier se rend chez le lieutenant de Roi ou commandant de place, ou, à son défaut, chez le maire, ainsi que chez l'intendant ou sous-intendant militaire, afin de les prévenir de l'heure présumée de l'arrivée du corps, etc. Il prend l'ordre pour les voitures que l'adjudant-major doit, à son passage, avoir demandées pour le lendemain.

De son côté, le capitaine de semaine va reconnaître les denrées et le lieu des distributions. S'il ne trouve pas les qualités conformes aux marchés, et les poids et mesures justes, il eu avertit le commandant de la place, ou, à son défaut, le maire, ainsi que l'intendant ou sous-intendant militaire, s'il y en a, afin qu'il soit fait droit à ses réclamations, assez promptement pour éviter tout retard dans les distributions.

Quand le major est présent, il marche avec le logement, ou il le précède immédiatement; il dirige, supérieurement aux officiers qui en sont chargés, les détails du logement et des subsistances; il fait personnellement toutes les démarches que le bien du service peut rendre nécessaires.

Devoirs de l'Adjudant avant l'arrivée du Corps.

421. L'adjudant, après s'être assuré à l'hôtel-de ville que le logement est fait conformément aux principes établis en l'article 415, en forme un état général e stommaire, qu'il doit remettre au major; il distribue ensuite les billets aux fourriers, à l'exception de ceux du grand et du petit état-major, et avec l'attention de conser-ver l'ordre de bataille des compagnies.

Il va visiter les logemens destinés au colonel et au lieutenant-colonel.

Il reconnaît le corps-de-garde de police; il y installe la garde, et fait poser au logis du colonel, avec la consigne nécessaire, une sentinelle pour les drapeaux.

Il reconnaît ensuite les endroits les plus convenables pour les divers rassemblemens du corps.

Les billets des hommes aux équipages, que les fourriers ont dû remettre à l'adjudant, sont donnés par lui, avec ceux du petit état-major, au commandant de la garde de police, qui est chargé de les distribuer.

Enfin il envoie au-devant des équipages un soldat de la garde, pour les guider au lieu où ils doivent se rendre, lieu qu'il a préalablement reconnu ou fait reconnaître par le sergent de garde.

Cela fait, il va lui-même au-devant de la troupe pour la conduire sur la place, transmettre les ordres du lieutenant de Roi et les instructions de l'intendant ou sous-intendant militaire pour la revue d'arrivée et pour les distributions. Il remet aux officiers d'état-major leurs billets, et conduit les drapeaux chez le colonel. L'indication du logement des officiers d'état-major, des chirurgiens et des adjudans doit être remise, par ses soins, au commandant de la garde de police.

Devoirs des Fourriers.

422. Aussitôt que les fourriers ont reçu les billets de logement pour leurs compagnies, ils vont visiter les logemens destinés à leurs officiers. Un tambour loge dans la même maison que le sergent-major, ou très-près de lui.

Ils inscrivent au dos des billets les noms des hommes auxquels ils sont destinés, ayant soin de réserver à des hommes d'une même escouade les billets qui porteraient plus de deux places. A cet effet, ils doivent avoir, outre le contrôle général de la compagnie, un contrôle par escouade et par camarades de lit.

Ils inscrivent, sur un cahier qu'ils ont toujours avec eux, les logemens des officiers et celui de la compagnie, et remettent au corps-de-garde de police l'indication des logemens du capitaine et du sergent-major.

Ils dressent un état général du logement, qui reste entre les mains du sergent-major, et que celui-ci communique au capitaine. Ils en établissent un sommaire pour l'officier de chaque section, portant indication de la rue et des maisons, ainsi que celle du logement du capitaine et du sergent-major. Ces états sont tracés et les noms y sont inscrits avant le départ et pendant les séjours, de manière qu'on n'ait plus à y ajouter que les indications locales.

Ils se rendent ensuite sur la place d'armes, pour y attendre leur compagnie et la conduire au logement, ainsi qu'il est expliqué article 437.

Malades, Ecloppés.

423. Les hommes malades ou écloppés, qui n'entrent point à l'hôpital, et qui ne sont point admis, ou qui ne peuvent trouver de place sur les

voitures, y mettent d'avance leurs sacs, s'ils en
ont eu la permission. On ne les autorise à y placer leurs fusils que s'ils sont dans l'impossibilité
absolue de les porter. Ils partent en même tems
que le logement, sous la conduite d'un sous-officier et d'un caporal, qui règlent leur marche sur
celle des plus faibles. A leur arrivée, ils se rendent sur la place publique, où les fourriers leur
distribuent les logemens. Si, avant d'entrer dans
la ville, ils sont rejoints par le corps, ils marchent à sa suite.

Lorsqu'il doit y avoir une revue de subsistance, ils attendent sur la place l'arrivée du corps.

A l'arrivée des équipages, les malades et écloppés sont visités et pansés, si besoin est, au corps-
de-garde de police, ou, s'il se peut, dans une
des salles de la mairie, par le chirurgien-major,
assisté de ses aides, à tour de rôle. Les caporaux,
chefs d'escouade, y amènent leurs malades; le
sergent de semaine s'y trouve pour prendre connaissance des décisions du chirurgien, afin d'en
informer le capitaine. Le chirurgien-major rend
compte de cette visite au chef-de-bataillon de semaine, qui y assiste, s'il se peut, et qui en fait
verbalement son rapport au lieutenant-colonel.
Il visite, à leur logement, les hommes qui n'ont
pu venir au corps-de-garde ou à la mairie; il partage, au besoin, ce dernier soin entre lui et ses
aides.

Rassemblement et Dispositions pour le Départ.

Rassemblement.

424. Une heure et demie avant le départ, on rappelle aux tambours. Cette batterie est exécutée par le tambour de la garde de police, qui parcourt les quartiers occupés par la troupe, aidé, quand il est nécessaire, d'un ou plusieurs autres tambours commandés d'avance à cet effet, à titre de corvée. A ce signal, les tambours se lèvent et se réunissent de suite sur la place; le tambour-major en fait l'appel; le logement et les écloppés s'y réunissent également pour partir, ainsi qu'il a été dit articles 419 et 423.

Une demi-heure après cette batterie, on bat *aux champs*, ou *le premier*, pour le réveil de la troupe.

Une demi-heure après celle-ci, on bat *le rappel :* à ce signal, les compagnies se réunissent au lieu où elles ont rompu la veille; les officiers, les sous-officiers et caporaux font rapidement leur inspection. Le sergent-major fait l'appel, et, s'il manque quelqu'un, il envoie de suite un sous-officier au logement de l'absent; si on ne le trouve pas, il remet son nom au commandant de l'arrière-garde. Le capitaine passe son inspection pendant que le sergent-major fait l'appel. Les compagnies sont conduites, toutes formées, au lieu du rassemblement général.

La compagnie qui doit aller aux drapeaux s'y rend directement, avec les tambours du bataillon auquel elle appartient et avec la musique, pour les conduire au rassemblement.

Le corps étant rassemblé, l'adjudant-major reçoit des sergens-majors, au signal qu'il fait donner, les rapports des compagnies, les rend au chef-de-bataillon de semaine, et celui-ci au lieutenant-colonel, qui fait le sien au colonel. Les capitaines font directement le leur au chef-de-bataillon.

Le colonel et les officiers supérieurs passent une inspection d'ensemble, pendant la réunion et le rapport, ou bien ils la font pendant la marche ou à la première halte.

Arrière-Garde.

425. L'arrière-garde se compose, en tout ou en partie, de la garde descendante ; elle fournit les hommes que l'on jugerait nécessaire d'ajouter à celle des équipages ; elle est commandée par un officier.

Ce commandant fait arrêter tous les hommes qu'il rencontre sans permission valable, et spécialement ceux qui lui auraient été désignés pour avoir manqué à l'appel. Dans cette vue, il fait ou fait faire une ou plusieurs patrouilles,

qui visitent avec diligence les divers quartie⟨r⟩
de la ville, et particulièrement les logeme⟨nt⟩
ou cabarets dans lesquels ces militaires peuve⟨nt⟩
s'être arrêtés.

L'arrière-garde prend sous son escorte le⟨s⟩
prisonniers déposés soit au corps-de-garde d⟨e⟩
police, soit dans la prison du lieu, ainsi qu⟨e⟩
ceux qui auraient été arrêtés par ces patrouille⟨s⟩
depuis le départ du corps.

Avant de se mettre en route, le commandant de l'arrière-garde prend à la mairie l⟨e⟩
certificat de bien vivre.

Quand les circonstances le rendent nécessaire, le colonel peut, outre l'arrière-garde,
employer, à peu de distance du corps, u⟨n⟩
sous-officier ou caporal par compagnie, sou⟨s⟩
le commandement d'un adjudant ou d'un officier, et sous le nom de peloton de serre-file,
pour empêcher qu'aucun homme en état d⟨e⟩
marcher s'écarte ou reste en arrière.

Départ et Marche.

Téte de Colonne.

426. Les bataillons tiennent tour à tour, pou⟨r⟩
la journée, la tête de la colonne, et l'on march⟨e⟩
alternativement la droite ou la gauche en tête.

Petite Avant-Garde.

427. Le bataillon qui a la tête de la colonne

fournit une petite avant-garde, tirée ou de chaque compagnie, ou des voltigeurs, et de la force déterminée par le colonel. Cette petite avant-garde, qui précède le corps à cent ou cent cinquante pas, est chargée de ne laisser passer aucun sous-officier ou soldat en avant. Elle est aussi chargée des hommes punis pendant la marche ; à l'arrivée au gîte, elle les remet à la garde de police : à cet effet, le colonel peut l'autoriser à devancer le corps à la dernière halte; dans ce cas, les hommes qui la composent rentrent à leurs compagnies à l'arrivée du corps sur la place.

Place et Service des Tambours.

428. Les tambours marchent réunis à la tête de leur bataillon. Ils battent toutes les fois que le corps passe dans une ville et dans un bourg ou village.

Il y en a toujours un de prêt, soit pour relever le pas, soit pour faire ou répéter les batteries. Il en est aussi placé un à la queue du dernier bataillon pour battre des rappels, qui sont répétés jusqu'à la tête du régiment ou de la légion, si la gauche ne peut suivre, ou si l'obscurité ou la difficulté des chemins arrêtent la marche. Un des adjudans-majors est en outre détaché pour instruire le commandant de la colonne du sujet du retard. Dès qu'on peut se remettre en route , on bat *aux champs ,* et cette batterie est aussi répétée jusqu'à la tête.

Départ.

429. Soit que l'on sorte en colonne, soit que l'on sorte par le flanc, la troupe se met en marche en bon ordre, l'arme au bras ; les tambours et la musique battent et jouent alternativement la marche ; lorsque toute la troupe est hors du lieu où elle a couché, les tambours et la musique cessent ; on fait prendre le pas de route, porter l'arme à volonté , et , si l'on ne peut continuer à marcher sur trois rangs , le second se partage et se réunit aux deux autres , qui occupent chacun un des côtés de la route, laissant dans tous les cas le milieu libre pour les voyageurs et les voitures.

Les sous-officiers de chaque compagnie se divisent alors dans les rangs , de manière qu'il y en ait une partie à la tête et l'autre à la queue, selon leur proximité de la droite ou de la gauche dans l'ordre de bataille. Les caporaux se répartissent également sur les rangs , d'après le même principe , et de manière qu'il s'en trouve au centre , pour marquer la droite et la gauche de chaque section.

Le sergent-major conduit la tête du premier rang , quand le capitaine ne la conduit pas lui-même ; le sous-lieutenant conduit celle du second rang ; le lieutenant marche entre les deux rangs, vers la gauche , d'où il en surveille aisément toute l'étendue ; le capitaine , aussi entre les deux rangs, sans place fixe, afin de pouvoir en observer chaque partie alternativement.

Pas réglé. — Ordre pendant la marche.

430. On doit toujours commencer la route d'un pas modéré ; on en augmente progressivement la vitesse , lorsque l'ordre de la marche est bien établi et que le soldat est un peu en haleine ; après quoi, les officiers qui conduisent les têtes des compagnies doivent toujours soutenir le même pas sans chercher à reprendre leur distance ; en suivant ce principe , ils la reprennent naturellement : ce qui fatigue beaucoup moins les hommes que de trop fréquens changemens de pas.

Pendant la marche , les officiers et sous-officiers veillent à ce que les soldats soient tranquilles dans le rang, à ce qu'ils n'en sortent pas sans ordre ou sans permission , à ce que le bout du fusil soit toujours porté assez haut pour ne blesser personne, à ce qu'on n'y attache ni bidons ni autres objets , à ce qu'on ne croise pas la route pour passer d'un rang à l'autre , enfin à ce que, dans les mauvais pas, on suive la file autant que possible, ou qu'on la reprenne, dès que l'obstacle est dépassé.

S'il pleut, les officiers et sous-officiers veillent
à ce que les batteries des fusils soient couvertes
ou enveloppées de manière à ne pas être
mouillées.

431. Lorsque le corps doit s'arrêter, la tête
ralentit le pas pour rétablir les intervalles, afin
qu'au roulement chaque bataillon et chaque
compagnie s'arrêtent sur le terrain qu'ils doivent
occuper.

La première halte doit avoir lieu trois quarts-
d'heure après le départ; les autres d'heure en
heure, et, à l'exception de la grande halte, toujours à quelque distance des villages ou habita-
tions, pour ôter aux soldats l'occasion et les pré-
textes de s'écarter.

La grande halte se fait à moitié chemin : elle
doit être un peu plus longue que les autres, mais
rarement dépasser une heure. Elle peut seule se
faire dans un bourg ou village, si le commandant
le juge nécessaire.

La dernière se fait à un quart de lieue du nouveau gîte.

Lorsque, dans certaines haltes, le lieutenant-
colonel juge nécessaire de donner une sentinelle
ou une garde spéciale aux drapeaux, elle est
fournie par la compagnie avec laquelle ils se
trouvent.

A chaque

A chaque halte, les officiers et sous-officiers veillent à ce que les soldats ne posent pas leur sac dans la boue, ni leur fusil de manière à le détériorer ou à blesser quelqu'un, et font allonger ou raccourcir, selon le besoin, les bretelles des sacs qui leur ont paru mal chargés. A la dernière, on rétablit la tenue, on reforme les rangs et on met la baïonnette au bout du fusil.

Au signal qui indique que l'on va se remettre en route, les officiers et sous-officiers veillent à ce que l'on recharge le sac en même tems. Les capitaines veillent à ce que chacun reprenne son rang avec tranquillité. Une reprise de la batterie *aux champs* annonce le départ.

Fusils des Hommes qui s'arrêtent.

432. Quand un caporal ou soldat désire s'arrêter, il doit laisser son fusil à l'un de ses camarades, et venir promptement le reprendre, sous peine d'être mis à la garde de police, ou même en prison, s'il y a lieu; mais cela ne doit arriver que rarement, les haltes étant assez fréquentes pour que les hommes aient alors le loisir de satisfaire à leurs besoins. Si le soldat était indisposé, le capitaine devrait laisser son fusil à un caporal dont il le ferait accompagner, pour le ramener doucement au gîte ou le remettre à l'arrière-garde, qui en userait à son égard ainsi qu'il va être dit, si l'indisposition le retenait.

15

Soins de l'Arrière-Garde, pendant la marche.

433. Après avoir regagné le tems qu'ont pu exiger les dispositions prescrites par l'art. 425, l'arrière-garde se maintient à une demi-heure de distance du corps, et ne laisse personne en arrière. Elle recueille, chemin faisant, les écloppés qui n'ont pu suivre, et qu'un peu de repos a mis en état de marcher. S'il en est encore qui ne puissent continuer, le commandant laisse avec eux un caporal, ou, s'ils sont assez nombreux, un sous-officier, pour leur faire donner place aux équipages, lorsqu'ils sont en arrière et que cela se peut, ou pour les conduire doucement jusqu'au gîte, après avoir fait mettre leurs sacs et leurs fusils sur les voitures ; il prend le nom de chacun de ces hommes pour le donner au commandant de la garde de police, afin qu'ils trouvent leurs billets de logement, leurs sacs et leurs fusils au corps-de-garde.

A partir de la dernière halte, l'arrière-garde se rapproche du corps, de manière à arriver le plutôt possible après lui.

Honneurs rendus. — Rencontre d'une autre Troupe.

434. Si le corps, étant en marche, est rencontré par le Roi ou un Prince du sang, il s'arrête, se forme en bataille, et présente les armes ; les drapeaux et les officiers saluent ; les tambours battent *aux champs.*

Pour un officier-général, ou toute autre autorité ayant droit aux honneurs d'une troupe en marche, si le corps ne reçoit pas l'ordre de se mettre en bataille, il rectifie, sans s'arrêter, l'alignement de ses rangs ; observe le bon ordre et le silence.

Quand deux troupes se rencontrent, chacune appuie à droite ; toutes deux peuvent continuer à marcher, si le terrain le permet : dans le cas contraire, si l'une est de l'infanterie et l'autre de la cavalerie, celle-ci s'arrête pour laisser passer l'infanterie ; si elles sont de même arme, la première dans l'ordre de bataille est la première à continuer sa marche. Jusqu'à ce que les deux troupes se soient dépassées, les tambours *battent*, les trompettes *sonnent*, et les soldats s'alignent dans leurs rangs. Tous les officiers et sous-officiers ont attention qu'il ne soit tenu aucun propos qui puisse offenser l'une ou l'autre troupe.

Lorsque le régiment ou la légion doit traverser une ville importante, ou tout autre lieu ayant garnison ou des gardes sous les armes, on fait prendre l'arme au bras, serrer, former les sections ou même les pelotons, s'il y a lieu, porter successivement les armes en approchant des postes, remettre l'arme au bras après les avoir dépassés ; les tambours et la musique battent et jouent alternativement.

Arrivée au gîte.

Entrée.

435. Le corps doit entrer au gîte dans le
meilleur ordre et de la manière indiquée au
dernier paragraphe de l'article précédent.

L'arrière-garde entre peu après. Elle remet
les prisonniers à la garde de police, et les hommes
qui la composaient rentrent à leurs compagnies.

Ordre donné au cercle. — Drapeaux.

436. Lorsque la revue de subsistance, où
tout doit paraître, est passée dans les places où
elle doit avoir lieu, et que les bans et défenses
ont été publiés, on bat *à l'ordre* : le cercle se
compose du colonel, du lieutenant-colonel, du
major, du chef-de-bataillon, du capitaine et de
l'adjudant-major de semaine, du chirurgien-
major, de l'adjudant, des sergens-majors et du
tambour-major.

On donne l'ordre pour les distributions, pour
la tenue, les visites de corps, etc. ; pour l'inspection, s'il y a séjour ; enfin, on indique le
lieu du rassemblement et l'heure du départ.

L'ordre donné, le commandant fait conduire
les drapeaux à son logis, en la manière accoutumée; il fait ensuite faire par le flanc et rompre
par compagnie dans chaque bataillon.

*Ordre dans lequel chaque Compagnie doit se rendre au
Logement.*

437. Le caporal-fourrier, marchant à la tête,

conduit la compagnie devant le logement du capitaine, ou au centre du quartier qu'elle doit occuper. Le capitaine la met en bataille, et après
que le sergent-major a donné l'ordre, commandé
le service, et que les billets de logement ont été
distribués, le capitaine fait rompre les rangs ; les
officiers et les sous-officiers vont à leur logement,
ainsi que les soldats.

Le fourrier remet au corps-de-garde de police
la note du logement et les billets des hommes
qui ne seraient pas arrivés avec le régiment ou
la légion.

Tambour de garde.

438. Le tambour de garde est sous les ordres
immédiats du sergent de garde et de l'adjudant
de semaine, qui le dirige pour les batteries nécessaires. Il en est commandé plusieurs dans les
grandes villes.

Garde de Police.

439. Le jour de l'arrivée à la garnison, la
garde de police prend poste au corps-de-garde de
police de la caserne, si elle est préparée et dis-
ponible ; et, à moins d'ordre contraire, elle y
fait le service jusqu'au lendemain à midi.

Distributions.

Rassemblement pour les Corvées, etc.

440. Une heure après l'arrivée du corps, on

bat *la breloque ;* à ce signal, les sergens ou caporaux de semaine , ainsi que les fourriers, rassemblent leurs hommes de corvée à l'endroit où
la compagnie a rompu les rangs , et les conduisent en bon ordre au rendez-vous indiqué pour
les distributions. Dès que les hommes de corvée
de toutes les compagnies sont réunis , le capitaine de semaine en prend le commandement,
divise les corvées par nature de distributions, y
répartit les officiers de semaine qui ont été commandés à cet effet , et agit en tout d'une manière
analogue à ce qui est prescrit au titre *Capitaine
de semaine.*

Viande et Pain de Soupe.

441. Les bons de viande et de pain de soupe
expriment ce qui revient à chaque escouade, et
la distribution se fait en conséquence à chacune.

Comptes rendus et Paiement des Distributions.

442. Les distributions finies, le capitaine de
semaine va en rendre compte au major; celui-ci
au colonel.

Le trésorier paie les fournisseurs , suivant les
marchés passés par l'adjudant-major qui a pré-
cédé le régiment ou la légion , après qu'ils ont été
visés par le major , et il en retire les reçus nécessaires.

A l'arrivée à la destination, il remet à chaque
capitaine le bordereau des distributions faites à

sa compagnie pendant la route. Celui-ci, après l'avoir comparé avec le livre du sergent-major, le fait afficher dans chaque chambrée pour ce qui regarde l'emploi de la solde de route, dont le restant, s'il y en a, doit être réparti aux ordinaires.

Ordinaires et Logemens.

443. Les ordinaires se font dans les logemens des caporaux, qui demeurent responsables du bon ordre, de la tranquillité et du respect que l'on doit aux habitans et à leurs propriétés. Ils doivent acheter, à l'exception du bois, tout ce qui est nécessaire : en conséquence, ils ne doivent souffrir aucun objet de maraude, et ce, sous les peines prononcées par les lois et règlemens. Les hôtes ne sont obligés de fournir pour l'ordinaire que la place au feu, les pots, plats, assiettes et autres ustensiles de cuisine, ainsi que le bois, s'il n'en a pas été distribué.

Non-seulement dans les ordinaires, mais encore dans les logemens, les soldats ne doivent rien exiger, et quand même leurs hôtes refuseseraient ce qui leur est légitimement dû, comme draps propres, etc., ils doivent s'abstenir de tous mauvais procédés ou voies de fait, mais avertir l'officier ou le sergent de leur section, qui sont chargés de leur faire rendre justice. Les hôtes doivent, avec ce qui est détaillé ci-dessus pour l'ordinaire, le coucher tel que le prescrit l'ordonnance; mais ils ne peuvent être déplacés du lit ni de la chambre qu'ils occupent habituellement.

Officiers et Sous-Officiers de Section.

Service de Semaine.

444. En route, le service de semaine des officiers se borne à l'appel du soir et aux distributions; chaque officier est chargé de tous les autres détails pour sa section, de laquelle il doit toujours avoir avec lui l'état nominatif.

Visites dans les Logemens.

445. Tous les jours, deux heures après que la compagnie est entrée dans ses logemens, les officiers et sous-officiers visitent, autant que possible, chacun une partie des logemens de leur section, et particulièrement celui du caporal où se fait l'ordinaire, afin de recevoir les réclamations des soldats, de les porter eux-mêmes au maire de la ville, si elles sont fondées, et de faire droit aux justes plaintes que les hôtes auraient à porter.

Propreté et Entretien des Effets.

446. Les officiers et sous-officiers s'assurent que chaque jour les soldats s'occupent de la propreté de leurs armes, de la propreté et de l'entretien de leurs effets; qu'en conséquence ils recousent les agrafes et les boutons; les sous-pieds de guêtres qui tiennent peu, qu'au besoin

ils remplacent les autres, fassent recoudre les souliers, etc.

Séjours.

Soins pendant le Séjour. — Inspection.

447. Dès l'arrivée au logement où l'on doit séjourner, les officiers et sous-officiers veillent à ce que la bufileterie soit blanchie, les armes nettoyées, les souliers mieux graissés, les habits battus et raccommodés avec soin, et la chaussure complètement réparée.

L'inspection du séjour se passe le soir, habituellement en tenue de route.

L'assemblée par compagnie et le rassemblement général pour l'inspection se font comme pour le départ, et tiennent lieu d'appel à moins qu'il n'en soit autrement ordonné.

Revue générale des Malades et Écloppés.

448. Le même jour, il y a une revue générale des malades et écloppés par le chirurgien-major, en présence des officiers et sous-officiers de semaine.

Appels et Retraite.

Appels.

449. Les jours de marche, à l'heure qui a été indiquée pour l'appel du soir, s'il doit y en avoir, le tambour de police en donne le signal, qui est répété de quartier en quartier par les tambours

des compagnies. A cette batterie, les sous-officiers, caporaux et soldats de chaque compagnie
se réunissent au centre du quartier qu'elle occupe, au lieu où elle rompu avant d'entrer dans
ses logemens. Le sergent-major en fait l'appel en
présence de l'officier de semaine. Le billet d'appel, signé de cet officier, est porté par le sergent-
major à l'adjudant de semaine qui le remet à
l'adjudant-major.

L'officier supérieur de semaine, l'adjudant-
major, les adjudans, les sergens-majors et le
tambour-major ont dû se trouver devant le corps-
de-garde de police, une heure avant celle de l'appel, afin de recevoir les ordres pour le lendemain : le lieutenant-colonel les donne personnellement, ou les adresse au chef-de-bataillon de
semaine ; les officiers supérieurs en sont infor-
més par les adjudans ; les capitaines et les compagnies par les sergens-majors, et les officiers par
les sous-officiers.

Lorsque les localités rendent facile la réunion
générale pour l'appel, elle est ordonnée par le
commandant du corps ; les sous-officiers, caporaux et soldats, et les officiers de semaine,
se rendent sur la place indiquée. L'appel se fait
et l'ordre est donné en la forme accoutumée.

Si un soldat se trouvait absent pour cause
d'indisposition, le sergent de sa subdivision irait

de suite à son logement s'assurer de son état, et reviendrait promptement en rendre compte à l'officier de semaine.

Retraite.

450. Tous les soirs, à l'heure indiquée, le tambour-major et tous les tambours se trouvent devant les drapeaux pour y battre la retraite; ils parcourent, en la battant ensemble, tous les lieux indiqués par l'adjudant-major; ensuite ils se séparent par bataillon, ou même par compagnie, selon qu'il y a lieu, pour la battre dans le quartier qu'occupe le bataillon ou la compagnie; celui qui est de service la bat devant la garde de police.

Dans une ville où il y a des troupes, les tambours, au lieu de se rassembler aux drapeaux pour la retraite, se réunissent aux tambours de la garnison.

Une demi-heure après la retraite, les soldats doivent être rentrés dans leurs logemens.

Patrouilles après la retraite.

451. Dans les villes où il n'y a pas d'état-major de place, le commandant de la garde de police fait faire, après la retraite, des patrouilles pour faire rentrer à leur logis les caporaux et soldats que l'on trouverait dans les rues, et conduire au corps-de-garde ceux qui seraient pris de vin ou qui feraient du bruit.

Le lendémain, au réveil, il renvoie à leurs compagnies ceux qu'il juge n'avoir pas mérité une plus longue punition, et en rend compte à l'adjudant-major, lorsqu'il vient au corps-de-garde de police pour savoir ce qui s'est passé la nuit. Quant à ceux qui auraient mérité une plus longue punition, il attend les ordres du lieutenant-colonel.

Équipages.

Aux ordres de qui ils sont.

452. Les équipages sont aux ordres exclusifs d'un officier nommé par le colonel, qui en charge autant que possible l'adjoint de l'officier d'habillement. Cet officier a à sa disposition le vaguemestre et un caporal désigné pour toute la route.

Domestiques et Vivandiers.

453. Les domestiques des officiers et les vivandiers, qui marchent avec les équipages, doivent obéir à l'officier, au vaguemestre et au caporal chargés de leur conduite.

Bagages préparés, numérotés et enregistrés.

454. Les sacs ou ballots doivent être solidement fermés, et porter, d'une manière lisible et durable, le nom de ceux auxquels ils appartiennent.

Les bagages doivent être pesés, numérotés et enregistrés.

455. Les porte-manteaux des officiers doivent être liés ensemble par compagnie. Le vague-mestre et le caporal alternent pour les leur remettre chaque jour, une heure après l'arrivée des équipages, et pour les recevoir dans l'heure qui suit la retraite.

Les bagages de la troupe ne sont délivrés que pour les séjours.

Il n'est reçu ni porte-manteau, ni ballot, ni sac, ni fusil, sans un billet du commandant de la compagnie, à l'exception de ceux des hommes qui seraient incommodés en route, ainsi qu'il est spécifié aux articles 432 et 433.

Malades et autres Individus qui ont place aux Voitures.

456. Aucun soldat, caporal ou sous-officier, à l'exception de ceux mentionnés au dernier paragraphe de l'article précédent, n'a le droit de monter sur les équipages, s'il n'est porteur d'un certificat du chirurgien-major.

On place sur les voitures les soldats malades et hors d'état de faire route à pied, les sacs et les fusils de ceux qui ne peuvent les porter, les nourrices avec leurs enfans, les autres enfans et les autres femmes.

Si quelque accident, ou le nombre des malades l'exige, le colonel ordonne qu'un des aides-chirurgiens marche avec les équipages.

Garde et Chargement des Équipages.

457. Les hommes mariés, les convalescens ; les maîtres-ouvriers et les ouvriers nécessaires pour les chargemens restent aux équipages et en forment la garde pendant la marche, concurremment avec la partie de la garde de police descendante qu'on a jugé à propos d'y attacher.

Dès que les voitures sont arrivées, elles sont, ainsi que les équipages, sous la surveillance et la responsabilité de la garde de police.

Voitures chargées la veille.

458. L'officier des équipages fait toujours en sorte de partir assez matin pour arriver en même tems que le corps, ou peu après. A cèt effet, il prend toutes les mesures nécessaires pour que les voitures puissent être chargées la veille; il envoie le vaguemestre ou le caporal recevoir du trésorier l'ordre que cet officier a dû prendre à son arrivée; muni de cet ordre, le sous-officier se rend chez le préposé, et s'entend avec lui pour les faire amener.

La voiture qui doit être chargée et marcher la première est toujours celle qui porte la caisse et les archives du corps.

Hommes de garde aux Équipages. Leurs Billets de logement]

459. Pendant la route, le commandant des équipages ne permet à aucun homme de garde

de s'éloigner, sous quelque prétexte que ce soit.

À leur arrivée au gîte, il ne laisse remettre les billets de logement que lorsque les voitures sont déchargées et les équipages déposés à l'endroit à ce destiné.

Punitions.

Place, en marche, des Officiers punis.

460. Les officiers, de tout grade, aux arrêts simples marchent à leur rang ; les officiers supérieurs et d'état-major aux arrêts de rigueur ou en prison marchent, sans armes, à la queue du premier bataillon ; les autres, également sans armes, à la queue de leur compagnie. Tous reprennent leur punition à l'arrivée au logement.

Place des Sous-Officiers et Soldats.

461. Les sous-Officiers, caporaux et soldats punis de la salle de discipline, de la prison ou du cachot, marchent avec l'arrière-garde. En traversant les villes et autres lieux de passage, ils portent la crosse en l'air. Les caporaux et soldats punis de la prison ou du cachot marchent l'habit retourné ; les hommes prévenus de délits du ressort des tribunaux peuvent être attachés, si on le juge nécessaire.

Punitions pour fautes légères.

462. Pour des fautes légères, les sous-officiers, caporaux et soldats peuvent être punis de la con-

signe à la garde de police, pendant une ou plusieurs journées de marche, et être retenus au corps-de-garde de police jusqu'à la retraite. Ils y sont conduits, le soldat par le caporal, les caporaux par le sergent de semaine.

Dispositions générales.

Compagnies et Bataillons détachés.

463. Les bataillons, compagnies et détachemens logés dans les communes voisines du gîte principal doivent y établir, pour la police de la troupe, un poste de surveillance, dont le commandant se conforme à ce qui est prescrit par l'art. 451. Le service s'y fait d'ailleurs comme il vient d'être réglé.

Les commandans des gardes extérieures, lorsqu'il y en a d'établies, et ceux des compagnies ou bataillons détachés, envoient toujours une ordonnance au colonel, avec le rapport de leur établissement. Ces ordonnances sont logées avec la garde, ou par les soins de l'adjudant, et sont toujours prêtes à marcher.

Devoirs généraux des Adjudans.

464. L'adjudant-major, aidé par les adjudans, fait faire les signaux pour toute espèce de service, préside aux appels, reçoit au poste de la garde de police celui du soir, quand les compagnies le font isolément, et commande le service des officiers à l'ordre, lors de l'arrivée.

Devoirs

Devoirs généraux du Major, du Capitaine de semaine et du Porte-drapeau.

465. Le major, et, sous ses ordres, le capitaine de semaine, surveillent et dirigent toutes
les distributions. Le major s'occupe en outre,
avec le porte-drapeau de toutes les réclamations
sur l'établissement du corps en général, et sur
le logement de ses fractions.

Devoirs généraux des Capitaines.

· 466. Les capitaines répondent de l'exactitude
des officiers et sous-officiers des compagnies à
remplir les fonctions qui leur sont prescrites :
les uns et les autres doivent être munis, pour le
voyage, d'une copie du présent titre des *routes*.

Devoirs des Tambours.

467. Toutes les batteries, tant habituelles
qu'imprévues, sont répétées par les tambours de
chaque compagnie, au centre de son quartier,
sous la respousabilité du sergent-major.

Le tambour-major commande, la veille, les
tambours qui doivent se réunir le lendemain
pour battre la diane.

Réunion ou Départ imprévus.

468. En cas de réunion ou de départ imprévus, soit de jour, soit de nuit, on bat la marche
particulière au régiment ou à la légion. A ce
signal, les compagnies se réunissent avec armes
et bagages, et se rendent de suite au rassemblement général.

DÉTACHEMENS.

Autorité des Chefs de Détachemens.

469. Tout commandant de détachement, quel que soit son grade, est par cela seul revêtu de toute l'autorité du commandant d'un régiment, pour le service, la police, la discipline et l'instruction.

Contrôles, Registres, etc.

470. Le commandant d'un détachement doit être muni,

1°. De l'ordre du départ et d'une instruction par écrit sur l'objet et le service du détachement ;

2°. D'une feuille de route ;

3°. D'un certificat de cessation de paiment, dûment légalisé, et mentionnant, par grade, le nombre d'officiers, sous-officiers et soldats du détachement ;

4°. D'un livret de solde ;

5°. D'un contrôle nominatif, et par rang de bataille, des sous officiers et soldats, pour les rassemblemens et appels, et d'un par ancienneté pour commander le service de la place ;

6° Du contrôle annuel des officiers, sous-officiers et soldats, par bataillon et compagnie, avec leur signalement et le numéro au registre-matricule ;

7°. De l'état détaillé des effets d'habillement, grand et petit équipement, avec la situation de la masse de linge et chaussure de chaque homme ;

8°. D'un registre pour inscrire les recettes et dépenses de toute espèce, relatives à la solde et aux masses ;

9°. D'un registre pour inscrire les distributions de subsistances en tout genre ;

10°. D'un registre pour inscrire, d'une part, la recette,

d'autre part, la distribution des effets d'habillement et d'équipement qui pourraient lui être fournis des magasins du corps ou de ceux de l'Etat : les distributions y doivent toujours être enregistrées nominativement

11°. D'un registre de correspondance;

12°. D'imprimés de feuilles de prêt, de feuilles d'appel, de feuilles de décompte, de billets d'hôpital, et de signalemens de déserteurs.

Le nombre des états et registres ci-dessus mentionnés peut être réduit en raison de la force et de la durée des détachemens.

Visites en route.

471. En route, le chef d'un détachement doit rendre visite aux officiers-généraux, lieutenans de Roi ou commandans, et, en arrivant à sa destination, aux autorités civiles et militaires.

Ordre de Service du Corps, suivi autant que possible.

472. Il doit observer scrupuleusement, tant en route qu'à sa destination, les instructions particulières qui lui ont été données, ainsi que l'ordre de service, les règles de police et d'administration établies au corps, tant à l'égard des appels, de la tenue, de l'instruction, des punitions, qu'à l'égard des distributions, répartitions, etc. ; s'en rapprocher toujours, s'il est dans l'impossibilité absolue de s'y conformer littéralement, et soumettre à l'approbation du commandant du régiment ou de la légion les modifications que nécessiteraient les localités ou les circonstances.

Mutations. — Comptes à rendre.

473. Il doit inscrire avec une grande exactitude, sur le registre à ce destiné, les mutations
de toute nature, en rendre compte au major au
fur et à mesure qu'elles ont lieu, ou du moins
aussi fréquemment que possible, afin de le tenir
au courant ; se conformer à tout ce que prescrivent les règlemens à l'égard de chaque muta-
tion ; entretenir une correspondance suivie tant
avec le lieutenant-colonel qu'avec le major, chacun pour ce qui rentre dans ses attributions ;
enfin, adresser au commandant du régiment ou
de la légion, aux époques qu'il lui a fixées, un
rapport général et détaillé sur tout ce qui concerne son détachement.

Retour au Corps.

474. Lorsque sa troupe doit rejoindre le
corps, il se munit, avant son départ, d'une cessation de paiement en bonne forme. Il s'assure
que les dégradations qui peuvent exister au
quartier, ainsi que les détériorations qui pourraient avoir été faites aux fournitures de casernement, soient constatées et réparées aux frais
de qui de droit.

A son retour au corps, le détachement est ins-
pecté par le colonel ou le lieutenant-colonel, s'il
est commandé par un chef-de-bataillon ; par le
chef-de-bataillon de semaine, s'il est commandé
par un officier, et par l'adjudant-major de se-

maine, s'il est commandé par un sous-officier : en conséquence, le commandant du détachement doit faire prévenir le lieutenant-colonel de l'heure présumée de son arrivée, assez à tems pour que celui de ces officiers qui doit l'inspecter puisse le faire à l'instant de son arrivée sur la place ou au quartier.

Le commandant du détachement remet au lieutenant-colonel les certificats de bien vivre. Il se présente ensuite chez le colonel pour lui rendre compte, ainsi qu'il a dû le faire au lieutenant-colonel, de tout ce qui concerne le détachement. Il rend aussi compte au major et au trésorier de ce qui regarde l'administration et la comptabilité ; aux commandans des diverses compagnies qui avaient des hommes à son détachement, de tout ce qui intéresse ces hommes, sous les rapports de la police et de la comptabilité en deniers ou en distributions, comme sous ceux de l'habillement, de l'équipement, de l'armement, du casernement, etc.; enfin, il consomme sans nul retard, en produisant les pièces à l'appui, les divers comptes auquel son détachement a pu donner lieu avec chacun d'eux, ainsi qu'avec le trésorier et les officiers chargés de détails.

ESCORTES.

Arrivée au rendez-vous.

475. Le commandant d'une escorte quel-

conque se trouve au rendez-vous à l'heure prescrite avec sa troupe. Il doit la présenter et la
maintenir dans le meilleur ordre et la meilleure
tenue.

Escorte d'honneur.

476. Quand c'est pour une escorte d'honneur,
il va annoncer son arrivée à la personne qu'il
doit accompagner, ou qui préside à la céré-
monie, et prendre ses ordres, s'il ne trouve
là aucun officier ou fonctionnaire chargé de
le recevoir et de lui en donner.

La troupe doit être en bataille et sous les
armes devant la maison occupée par la personne
ou le cortége à escorter. Au moment où cette
personne ou le cortége se met en marche, la
troupe se met aussi en mouvement, et le commandant se conforme aux instructions qui lui
ont été données sur l'ordre de la marche. Il
veille à ce que chaque soldat se tienne à son
ráng, garde la bonne position sous les armes,
conserve ou reprenne le pas, et se comporte
avec la décence, le respect et les égards convenables.

Sa mission terminée, il ne quitte la personne
qu'il a escortée, ou qui présidait à la céré-
monie, qu'après avoir pris ses ordres.

Escorte d'un Convoi.

477. Si l'escorte a pour objet la garde et la
conservation d'un convoi, le commandant doit

exiger que les voitures soient continuellement à quatre pas l'une de l'autre ; il les partage, si cela convient, en plusieurs divisions.

Il fait éclairer sa marche à deux ou trois cents pas par quelques hommes, dans le but de connaître à tems les obstacles, de faire débarrasser la route, etc. ; il place le reste de sa troupe sur les flancs du convoi, se porte lui-même partout où il croit sa présence nécessaire, et ne perd de vue aucune des voitures qui le composent.

Il fait abréger raisonnablement les haltes inévitables pour le raffraîchissement des chevaux de trait, et ne permet pas, pendant ce tems, qu'aucun soldat s'éloigne.

Si quelque voiture reste en arrière par suite d'un accident quelconque, il fait arrêter le convoi jusqu'à ce qu'elle ait rejoint, ou que l'accident soit réparé; si cette réparation exige trop de tems, il laisse pour la garde de cette voiture le nombre d'hommes suffisant, ou envoie, s'il le faut, chercher les secours nécessaires; il poursuit sa route avec le reste du convoi, et rend compte des retards ou des accidens qu'il a éprouvés.

Le tout étant arrivé à sa destination, il retire de qui de droit les reçus nécessaires, se conforme d'ailleurs aux instructions qu'il peut avoir, et fait les dispositions convenables pour le loge

ment et la nourriture de sa troupe, si le gîte
lui est dû.

Escorte des Prisonniers.

478. S'il s'agit de conduire des prisonniers,
le commandant de l'escorte fait charger les
armes en leur présence avant de se mettre en
route. Il divise sa troupe en deux parties prin-
cipales, selon sa force : l'une marche de front à
la tête, l'autre ferme la marche de la même
manière ; le reste est réparti de distance en distance sur les flancs. Il se fait en outre précéder
et suivre, à portée de la voix, par quelques
hommes destinés à arrêter la fuite de ceux qui
tenteraient de s'échapper. S'il y a un bois à
passer, il prend, de plus, la précaution de
faire marcher quelques hommes à peu de distance à droite et à gauche de la route, pour
ressaisir, au besoin, les fuyards.

Il doit conduire le détachement d'un pas modéré, les prisonniers étant souvent faibles, mal
chaussés et mauvais marcheurs. Pendant la marche, aucun homme ne doit quitter son rang;
le commandant de l'escorte veille sans cesse à
ce que l'on serre autant que possible.

Les haltes sont fréquentes, mais courtes, et
seulement du tems strictement nécessaire pour
en remplir l'objet ; il a soin de ne les faire que
dans les endroits les plus découverts. Il redouble
alors de vigilance ; il ne souffre pas qu'aucun

prisonnier sorte des rangs sans être spécialement
accompagné, ni qu'aucun soldat s'écarte sans
permission, ne fût-ce que pour un instant ; une
partie de sa troupe demeure l'arme au bras pendant que l'autre se repose sur les armes. Il ne
fait jamais halte dans les bois, ni dans aucun
village, si ce n'est à mi-chemin et en prenant
les mesures convenables.

Si un prisonnier ne peut suivre à pied, il le
fait monter sur la voiture, s'il y en a, sinon il
le laisse, sous l'escorte de deux hommes, s'a-
cheminer doucement jusqu'au gîte, il continue
sa route avec le reste ; mais cela ne doit avoir
lieu qu'en cas de nécessité absolue, attendu
qu'il est préférable de ralentir sa marche pour
que les écloppés puissent suivre, et d'arriver
avec tout son monde. Jamais il ne perd de vue,
envers les prisonniers, les égards dus au mal-
heur ; mais il se refuse à toute condescendance
contraire à la rigueur de ses devoirs, ou qui
pourrait avoir des inconvéniens.

A l'arrivée au gîte, si les prisonniers doivent
passer la nuit dans la prison du lieu, il s'en fait
donner un récépissé par le concierge. S'ils doivent demeurer sous sa garde, il s'assure de
toutes les issues du lieu qui a été mis à sa disposition pour les déposer ; il prend toutes les
précautions et donne toutes les consignes que
la prudence lui suggère pour prévenir les éva-

sions. Dans l'un comme dans l'autre cas, il veille à ce qu'ils reçoivent tout ce qui leur est alloué par les règlemens, et à ce qu'ils ne soient pas rançonnés sur le prix des provisions et autres objets qu'ils peuvent avoir à faire acheter.

Arrivé à sa destination, il prend de qui de droit un reçu de ses prisonniers; il leur fait, s'il y a lieu, leur décompte.

Dispositions du Titre Détachement *communes aux Escortes.*

479. Les dipositions du titre *Détachemens* sont observées, quand il y a lieu, pour les troupes employées aux escortes.

MANDE ET ORDONNE SA MAJESTÉ, aux maréchaux de France et généraux en chef ayant commandement sur ses troupes, aux gouverneurs, lieutenans-généraux et maréchaux-de-camp employés, aux inspecteurs-généraux d'armes, aux commandans des places, aux colonels de ses régimens ou légions, aux intendans et sous-intendans militaires, et à tous autres officiers qu'il appartiendra, de faire exécuter ou d'exécuter la présente Ordonnance.

Fait à Paris, le 13 Mai 1818.

Signé LOUIS.

Par le Roi :

Le Ministre secrétaire-d'état au département de la guerre,

Signé, le Maréchal GOUVION-SAINT-CYR.

MODÈLES.

TABLEAU n° 1.
(Art. 95.)

COMPAGNIE DIVISÉE EN SECTIONS, SUBDIVISIONS ET ESCOUADES.

CAPITAINE.

	PREMIÈRE SECTION. SOUS-LIEUTENANT.				DEUXIÈME SECTION. LIEUTENANT.				La force de chaque escouade est toujours proportionnée à l'effectif de la compagnie.
	1re. SUBDIVISION. 1er. Sergent.		2e. SUBDIVISION. 4e Sergent.		3e. SUBDIVISION. 3e. Sergent.		4e. SUBDIVISION. 2e, Sergent.		
	1re. Escouade	2e. Escouade	3e. Escouade	4e. Escouade	5e. Escouade	6e. Escouade	7e. Escouade	8e. Escouade	
Caporaux....	1.	1.	1.	1.	1.	1.	1.	1.	
Soldats....	6.	7.	6.	7.	6.	7.	6.	7.	
Tambours ou cornets...	»	»	»	»	»	»	»	»	
	8.	8.	7.	8.	8.	8.	7.	8.	

TOTAL des caporaux, soldats et tambours. 62

Sergent-major . . . . . . 1 ⎫
Sergens. . . . . 4 ⎬ 6
Caporal-Fourrier. . . . . . 1 ⎭

FORCE de la compagnie, non compris les offi. 68

TABLEAU n°. 2.   PELOTON DE 20 FILES EN ORDRE DE BATAILLE.
(Art. 95.)

Capo.	16	15	14	13	12	11	10	9	Capo.	8	7	6	5	4	3	2	1	Capo.	Capit.
	52	51	50	49	48	47	46	45	44	43	42	41	40	39	38	37	36	35	34	33
Capo.	32	31	30	29	28	27	26	25	Capo.	24	23	22	21	20	19	18	17	Capo.	1er. serg

1e. serg.	Lieute-nant	3e. serg.	4e. serg.	Sous-lieuten	Serg.-major

DEUXIÈME SECTION.   PREMIÈRE SECTION.

Dans le bataillon, le caporal-fourrier est à la garde du drapeau. Si la compagnie est isolée, il se place en serre-file derrière la première section, entre le sous-lieutenant et le 4e. sergent. Les fourriers des grenadiers et voltigeurs étant fréquemment détachés avec leurs compagnies, ne font pas nécessairement partie de la garde du drapeau : ils y sont suppléés, en cas d'absence, par les sergens du peloton où il est placé, ou d'un peloton voisin.

Dans le dernier peloton de chaque bataillon, le deuxième sergent est placé à la gauche du premier rang du bataillon, ayant derrière lui un caporal au 3e. rang. Ils sont désignés sous le nom de sergent ou de caporal d'encadrement.

Modèle A. (Art. 15.)   REGISTRE concernant le Personnel de MM. les Officiers.

GRADES.	NOMS.	PUNITIONS.		REMARQUES particulières et successives.
		DATES.	Nature, durée et motifs.	

Modèle B. (Art. 15.)   ÉTAT des Sous-Officiers, Caporaux et Soldats susceptibles d'obtenir de l'avancement.

GRADES.	NUMÉROS DES		NOMS.	AGE.	DATE de leur entrée au service.	ÉPOQUE depuis laquelle ils sont notés.	OBSERVATIONS sur leur éducation première, sur leur instruction militaire et sur leur conduite.
	bataillons.	compagnies.					

MODÈLE C. (Art 12, 25 et 160.)

SITUATION et Rapport du

	OFFICIERS					SOUS-OFFICIERS ET SOLDATS.																
	Présens.	Détachés.	En semestre.		Effectif.	Manque au complet.		PRÉSENS.								ABSENS.						
							Sous les armes.	A la salle de pol.	En prison.	Au cachot.	Malades.	Travailleurs.		Total.	Détachés.	Aux hôpit { du lieu / externe. }	En semestre.	En désertion.	En jugement.		Total.	Effectif.	Manque au complet.
État-Major.																						
Grenadiers.																						
1re. Compagnie.																						
2e.																						
3e.																						
4e.																						
5e.																						
6e.																						
Voltigeurs.																						
etc.																						
1er. BATAILLON.																						
TOTAUX.																						
Enfans de troupe.																						

De Service dans la Place.

SOUS-OFFICIERS ET SOLDATS.

GRADES.	NOMBRE.

OFFICIERS.

MM.

MUTATIONS. . . . . {

HOMMES qui manquent à l'appel. {

PUNITIONS. . . . . {

DEMANDES PARTICULIÈRES. . . . . {

OBJETS DIVERS. . . . . {

MODÈLE D. (Art. 105, 182 et 215.)

SITUATION et Rapport du

	PRÉSENS								ABSENS								EFFECTIF.	MANQUE AU COMPLET.
	Sous les arm.	A la salle de pol.	En prison.	Au cachot.	Malades.	Travailleurs.		TOTAL.	Détachés.	aux hôpit. du lieu.	aux hôpit. externe.	En semestre.	En désertion.	En jugement.		TOTAL.		
Capitaine.																		
Lieutenant.																		
Sous-lieutenant. .																		
TOTAL des Offic.																		
Sergent-major. . .																		
Sergens.																		
Caporal-fourrier. .																		
Caporaux.																		
Soldats.																		
Tamb. ou Cornets.																		
TOTAL des S.-Of. et Soldats. .																		
Enfans de troupe.																		

MUTATIONS.

MUTATIONS. . . . . {

HOMMES qui manquent à l'appel. {

PUNITIONS. . . . . {

DEMANDES PARTICULIÈRES. . . . . . . {

OBJETS DIVERS. . . . . {

17

MODÈLE F.
(Art. 106.)   *SITUATION au*

	PRÉSENS							TOTAL.
	Sous les armes.	A la Salle de police.	En Prison.	Au Cachot.	Malades.	Travailleurs.		
Capitaine.								
Lieutenant. . . .								
Sous-Lieutenant..								
TOTAL des Offic. .								
Sergent–major. .								
Sergent.								
Caporal–Fourrier.								
Caporaux.								
Soldats.								
Tamb. ou Cornets.								
TOTAL des S.-Officiers et Sold.								
Enfans de troupe.								

Au

GAIN. . {

PERTE. {

EFFECTIF au

ABSENS.								TOTAL.	EFFECTIF.	MANQUE AU COMPLET.
Détachés.	Aux hôpitaux		En Semestre.	En Désertion.	En Jugement.					
	du lieu.	externes.								

l'Effectif de la Troupe était de. . . . . . .

TOTAL. . . . . . .

. . . . .

RAPPORT *de la Semaine.*

MUTATIONS. . . . . {

PERMISSIONS ACCORDÉES. . . . {

RÉCLAMATIONS. . . . . . . {

OBJETS DIVERS. . . . . . . {

MODÈLE F. (Art. 305.)

REGISTRE sur lequel le Vaguemestre doit inscrire les sommes et les lettres chargées qu'il reçoit pour les Officiers, Sous-Officiers et Soldats, ainsi que les chargemens de lettres ou de fonds qu'il fait de leur part.

PREMIÈRE PARTIE (1).

Sommes et Lettres chargées à retirer des bureaux de Poste.

(1) On destine les deux tiers du registre à la première partie, et l'autre tiers à la seconde.

REMISE DES RECONNAISSANCES D'ARTICLES AU VAGUEMESTRE.					REMISE DES CHARGEMENS, et paiement des articles par les bureaux de poste.			ACQUITS.		REÇUS des directeurs ou employés, pour les objets non distribués.
NUMÉROS d'enregistrement.	DATES.	Noms des militaires auxquels les articles sont adressés.	Bureaux de départ.	Dates des reconnaissances.	DATES.	OBJETS.	Désignation des bureaux, et signatures des directeurs ou employés.	DATES.	SIGNATURES.	

SECONDE PARTIE (1).

Chargemens à faire par le Vaguemestre.

		REMISE, PAR LES ENVOYEURS, DES LETTRES A CHARGER OU DES ARTICLES A DÉPOSER.				REMISE DES BULLETINS OU RECONNAISSANCES, délivrés par les Directeurs.	
Numéros d'enregistrement.	Dates.	Envoyeurs.	Objets.	Destination.	Bureaux où les chargemens et dépôts ont été faits.	Dates.	Signatures des Envoyeurs.

(1) On destine les deux tiers du Registre à la première partie, et l'autre tiers à la seconde,

TABLE

DES TITRES ET DES ARTICLES.

PRINCIPES GÉNÉRAUX DE LA SUBORDINATION.

Colonel.

Lieutenant-Colonel.

Chefs-de-Bataillon.

Service de Semaine.

Conseil d'Administration et Major.

Trésorier.

Officier-Payeur.

Officier d'Habillement.

Adjudans - Majors.

Service de Semaine.

Chirurgien-Major et ses Aides.

Porte-Drapeau.

Capitaine.

Service de Semaine.

Lieutenans et Sous-Lieutenans.

Officier de Section.

Sergent de Subdivision.

Service de Semaine.

Service de Planton ou d'Ordonnance.

Caporal-Fourrier.

Caporaux.

Caporal de Chambrée.

Caporal Chef d'Ordinaire.

Devoirs de la Sentinelle du Poste.

VAGUEMESTRE.

INSTRUCTION.

ÉCOLES.

Travailleurs.

TABLE ANALITIQUE
DU SERVICE JOURNALIER.

Réveil — Appel du Lever.

Roulement du réveil, à sept heures, du premier octobre au premier avril ; — à six heures, du premier avril au premier octobre.

Lever des soldats ; lits découverts ; — fenêtres ouvertes.

Appel fait par le caporal de chambrée, qui en rend compte au sergent-major, et celui-ci à l'adjudant de semaine.

Soins des soldats pour leur propreté personnelle ; détails de propreté dans les chambres ; — les hommes commandés de service mettent leurs effets et leurs armes en état.

Propreté du Quartier.

Corvée à sept heures et demie, du premier octobre au premier avril ; à six heures et demie, du premier avril au premier octobre.

Corridors et escaliers nettoyés par les hommes de corvée, assemblés et dirigés par le caporal de semaine, conduits ensuite par lui au sergent de garde, qui leur fait nettoyer les cours, latrines, baquets, etc., lorsqu'il n'y a pas assez de consignés ou de détenus à la salle de police pour cette corvée.

Rapport général des vingt-quatre heures.

A sept heures, rapport particulier de chaque compagnie préparé ; — porté par le caporal-fourrier au trésorier, qui enregistre les mutations ; rapporté par le fourrier au sergent major, qui le présente, à huit heures au capitaine.

A huit heures, rapport reçu du sergent de garde par l'adjudant de semaine.

A huit heures et demie, sergens-majors, aujudant, adjudant-major et chef-de-bataillon de semaine réunis pour le rapport général ; — rapports des compagnies réunis par l'adjudant, qui en forme le rapport général ; — ce rapport signé du chef de-bataillon de semaine, porté par cet officier supérieur, suivi de l'adjudant, au lieutenant-colonel.

A neuf heures, l'adjudant-major se rend chez le lieutenant-colonel pour son rapport particulier.

A neuf heures et demie, le lieutenant-colonel se rend, avec l'adjudant-major de semaine, chez le colonel, pour le rapport général.

Un double de ce rapport est remis lors de la parade, ou porté, après la parade, au major par l'adjudant.

Lieutenant-colonel, Art. 12.	
Chef-de-bataillon de semaine.	25
Trésorier.	47
Adjudant-major de semaine.	67
Capitaine.	98, 105
Adjud. de semaine.	160
Serg.-major.	174, 181, 182.
Sergent de garde.	300
Caporal-Fourrier.	215

Autres Rapports journaliers.

Du caporal de chambrée au sergent de subdivision.

Du sergent de semaine au sergent-major et à l'officier de semaine.

Colonel, Art.	2, 3
Major.	33
Chirurg.-major.	78, 82
Capit. de semaine.	120
Officier de semaine.	140

Du sergent de subdivision au sergent-major et à l'officier de section.

Du sergent-major à l'officier de semaine, sur tout ce qui concerne le service, la police et la discipline, et aux officiers de section, sur ce qui les regarde dans l'administration.

De l'officier de semaine au capitaine, après l'appel de dix heures et demie, ou, s'il est appelé aux classes d'instruction, après la parade.

Du capitaine de semaine au major, au lieutenant-colonel, et, quand il y a lieu, au commandant de la place, chacun en ce qui le concerne.

Du chirurgien-major au chef-de-bataillon de semaine, à la réunion pour le rapport général, s'il est possible. — Du même au lieutenant-colonel, à onze heures.

Etats de mutations remis dans la matinée au major, de la part des capitaines, par les fourriers, pour les compagnies, et du trésorier, par un de ses secrétaires, pour l'état-major. — Etat général adressé par le major au sous-intendant, quand il réside dans la place.

Rapport sommaire du colonel à l'officier-général, s'il est présent et s'il l'exige.

Du même, au lieutenant de Roi, sur les mutations en gain ou en perte, et sur le nombre des punitions qui excluent momentanément du service.

Rapports à diverses époques.

Le jeudi et le dimanche , compte rendu par l'officier de section au capitaine ; — par le capitaine à son chef de-bataillon.

Tous les cinq jours , état des mutations envoyé par le major au sous-intendant militaire, quand il n'est pas dans la place.

Le jeudi et le dimanche, rapport sommaire et verbal sur l'administration , par le major au colonel.

Le dimanche , rapport général adressé au colonel absent , par le lieutenant-colonel.

Tous les huit jours , rapport fait par le colonel à l'officier général commandant qui n'est pas dans la place.

Tous les mois, rapport sur l'instruction et l'administration , par le colonel , à l'officier général, qui joint à ses fonctions ordinaires celles d'inspecteur-général.

Enfin les comptes ou rapports extraordinaires demandés par les officiers-généraux et par les intendans ou sous-intendans, en ce qui les concerne plus particulièrement.

Appel de dix heures et demie.

Soldats assemblés aux trois roulemens faits après la soupe.

Appel fait par le sergent-major devant l'officier de semaine. — Le sergent-major en rend compte à l'adjudant , et l'officier de semaine à l'adjudant-major.

Décisions du colonel sur le rapport général, et ordres pour le service communiqués, s'il se peut, lors de cet appel, par l'adjudant-major de semaine. — Ordre lu et services commandés par le ser-gent-major.

Garde montante et Parade.

A huit heures et demie, ins-pection des tambours par le tam-bour-major.

A neuf heures, batterie de l'as-semblée pour que les hommes de service se préparent.

Ces hommes inspectés dans les chambres par les sergens; — pré-sentés à l'inspection de l'officier de semaine à la suite de l'appel.

A onze heures un quart, rap-pel pour le rassemblement de la garde. — Hommes de service de chaque compagnie réunis par le caporal de semaine, et présentés par lui à l'adjudant.

Garde et sous-officiers rassem-blés par l'adjudant de semaine.

Garde inspectée par le chef-de-bataillon de semaine, et, avant l'arrivée de cet officier supérieur, par l'adjudant-major, s'il en a eu le tems.

Les officiers de semaine seuls tenus de se trouver à la garde montante; mais, s'il y a parade, tous les officiers doivent y être pré-sens. — Les parades n'ont lieu que les dimanches, et dans les cas ex-traordinaires.

Lorsqu'il n'y a point de parade, le chef-de-bataillon de semaine fait défiler la garde. En son ab-sence, c'est l'officier qui, des ca-pitaines de garde ou de l'adjudant.

major, est le plus ancien dans le grade de capitaine : s'il n'y a point de capitaine de garde, c'est l'adjudant-major.

Quand il y a parade pour la garnison, la garde est conduite au rendez-vous général, par l'adjudant-major, si c'est un officier qui la commande, et par l'adjudant, si c'est un sous-officier.

Ordres de la Place et Ordres du Corps.

Service réglé avec l'état-major de la place par l'adjudant de semaine, qui va y écrire l'ordre, et qui, s'il y a quelque disposition pressante, fait battre à l'ordre.

Livres des ordres de la place et de ceux du corps tenus par lui.

Décisions du colonel sur le rapport général, et ordres pour le service communiqué par l'adjudant-major au cercle, s'ils ne l'ont été à l'appel de dix heures et demie.

Cercle des sous-officiers formé au commandement de l'adjudant-major, qui fait battre à l'ordre à cet effet, après que la garde a défilé, qu'il a reçu l'ordre au cercle général de la garnison, et qu'il l'a communiqué au colonel et au lieutenant-colonel; — il fait commander le service par l'adjudant; — il donne l'ordre et indique l'heure des rassemblemens, etc., et désigne un ou plusieurs des officiers de semaine pour le détail des distributions.

Le cercle rompu, il informe des ordres donnés les officiers supérieurs présens à la parade; l'un des adjudans qui ne sont pas de

semaine en donne connaissance
aux autres et aux officiers d'état-
major. — C'est l'adjudant de semaine , autant que faire se peut ,
qui les communique au major. —
Le sergent-major en rend compte
à son capitaine ; le sergent de semaine aux autres officiers de la
compagnie , et le caporal de semaine les transmet dans chaque
chambrée.

Ordre dicté aux fourriers par
l'adjudant de semaine , autant
que possible après la parade , et
porté , par chaque fourrier, aux
officiers de la compagnie.

Quand il y a de nouveaux ordres après la garde montée , l'adjudant-major fait battre à l'ordre
pour les sergens-majors ou pour
les sergens de semaine , selon qu'il
y a lieu.

Retraite. — Fermeture du Quartier.

Tambours rassemblés par le
tambour-major, pour battre la
retraite à l'heure ordonnée.

Portes du quartier fermées à la
retraite par les soins du sergent
et du caporal de garde ; — le guichet des grandes portes reste seul
ouvert.

Appel du Soir.

Annoncé par trois roulemens ,
une demi-heure après la retraite ;
— fait dans chaque chambrée par
le caporal de chambrée , en présence du sergent-major et de l'officier de semaine.

Billet d'appel de la compagnie,
signé de l'officier de semaine, re-

mis par le sergent-major à l'adjudant de semaine.

Compte verbal rendu à l'adjudant-major par l'officier de semaine.

Relevé général des billets d'appel faits par l'adjudant, signés par l'adjudant-major, et portés chez le colonel par l'adjudant.

Un double pour le lieutenant-colonel, et un sommaire pour le lieutenant de Roi, signés et envoyés par l'adjudant-major.

Contre-appels ordonnés, s'il y a lieu, par le chef-de-bataillon de semaine ou par l'adjudant-major; l'adjudant de semaine y assiste; il en fait lui-même lorsqu'il le croit nécessaire, et après avoir pris les ordres de l'adjudant-major, à qui il en rend compte le lendemain.

Feux et Lumières.

Eteints dans chaque chambrée par le cuisinier, au roulement qui a lieu une heure après l'appel. — Le cuisinier doit auparavant avoir rempli les cruches d'eau.

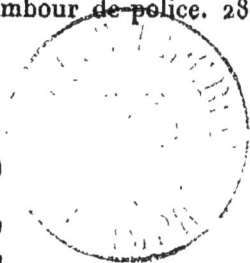

www.ingramcontent.com/pod-product-compliance
Lightning Source LLC
Chambersburg PA
CBHW070735270326
41927CB00010B/2003